ビジュアルで身につく
大人の教養

図解でよくわかる

はじめての世界神話

監修◎蔵持不三也

はじめに

この広い世界には、古の昔から語り継がれてきた数多くの神話が存在しています。「神話」というと、実世界とはかけ離れたおとぎ話のようなイメージをもたれるかもしれませんが、周囲を少し見渡せば、意外と身近なところにあるものだと気づくでしょう。

トロイア（トロイ）の木馬、パンドラの箱、アーサー王と円卓の騎士、シグルズ（ジークフリート）の竜退治、ギルガメシュの大冒険、ヤマトタケルの遠征といった物語は、現代にも深く根づいています。

また、絵画のモチーフとしてギリシア神話は欠かせません。夜空に輝く星座がギリシア神話のエピソードに由来していることや、太陽系の星々の名前になっていることもよく知られています。

さらに、『指輪物語』に代表されるファンタジー系の小説や映画、アニメ、ゲームなどには、北欧神話やケルト神話で描かれる武器や魔法のアイテムがたびたび登場し、その世界観が原点といえるような作品も多く見受けられます。

このように、神話は決して遠い存在ではありません。先人たちの豊かな想像力や積み重ねられてきた歴史の集成であり、いまもさまざまな形で息づいています。しかし実際には、著名なエピソードや神々の名前を聞いたことがあっても、詳細は知らないという人が多いでしょう。

そこで本書は、世界各地の神話を集め、その代表的なエピソードを図解でわかりやすく紹介しました。

神話を知ることは、それを紡いできた人々の文化を理解するとともに、神話をモチーフにしたアートやエンターテインメント作品の理解をより深めることにもつながります。本書を神話に親しむための第一歩として楽しんでいただければ幸いです。

図解でよくわかる　はじめての世界神話　目次

Chapter 2

北欧神話

北の民の精神が息づく戦いの物語

Chapter 3

ケルト神話

ケルト人が語り継いできたファンタジーの原風景

Chapter 4

インド神話

ヴェーダやヒンドゥー教の神々が活躍する

Chapter 5

エジプト神話

神秘と謎に満ちた古代エジプトの伝承

Chapter 6

メソポタミア神話

『ギルガメシュ叙事詩』に代表される最古の神話群

Chapter 7

中国神話

歴史のなかに取り込まれた独特の物語

Chapter 8

日本神話

八百万の神々が活躍し、
天皇家の支配の正統性を示す

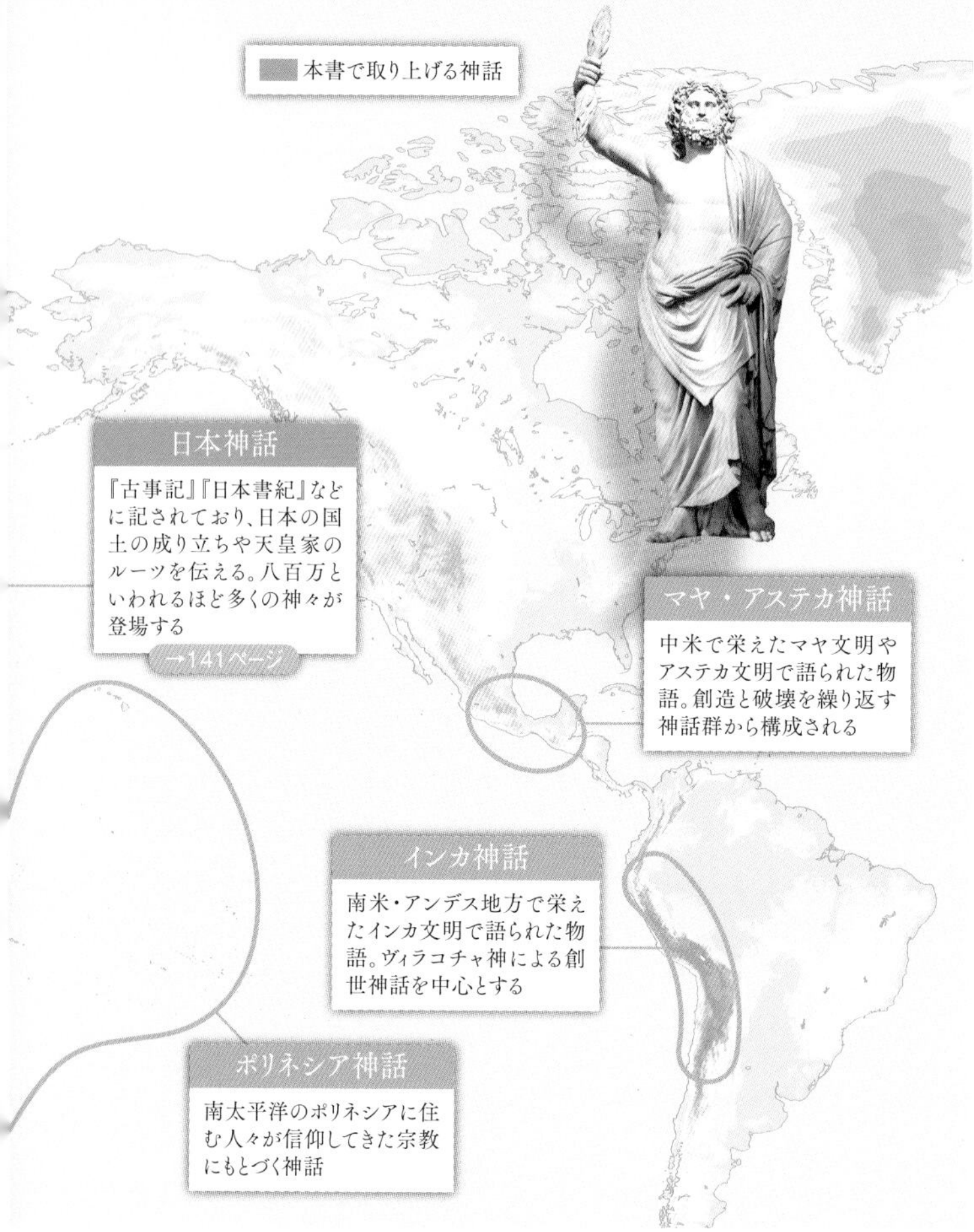

本書で取り上げる神話
日本神話
『古事記』『日本書紀』などに記されており、日本の国土の成り立ちや天皇家のルーツを伝える。八百万といわれるほど多くの神々が登場する
→141ページ
マヤ・アステカ神話
中米で栄えたマヤ文明やアステカ文明で語られた物語。創造と破壊を繰り返す神話群から構成される
インカ神話
南米・アンデス地方で栄えたインカ文明で語られた物語。ヴィラコチャ神による創世神話を中心とする
ポリネシア神話
南太平洋のポリネシアに住む人々が信仰してきた宗教にもとづく神話

神話を楽しむ前に

民族、地域ごとに伝えられたさまざまな神話たち

●人類は〝知りたがり〟

古来、世界各地にいくつもの神話が伝えられてきました。神話のなかでは神々や精霊、英雄たちが活躍し、世界の成り立ちや人間の誕生などについて語られます。

　ではなぜ、人類は神話を求めるのでしょうか？　それは、人類が〝知りたがり〟だからです。

　宇宙はどのようにつくられたのか、世界をつくった神はどのような存在なのか、人間はなぜ生まれ、死んでいくのか……。そうしたあらゆる物事や現象について理解しようとした太古の人類は、神や英雄を主役にした物語をつくり、そのなかから答えを導き出して

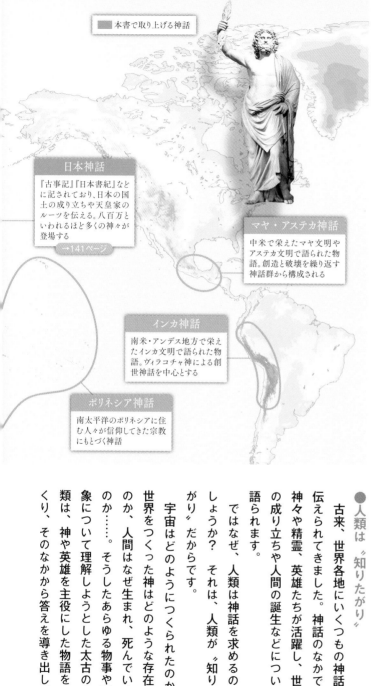

世界各地の主な神話

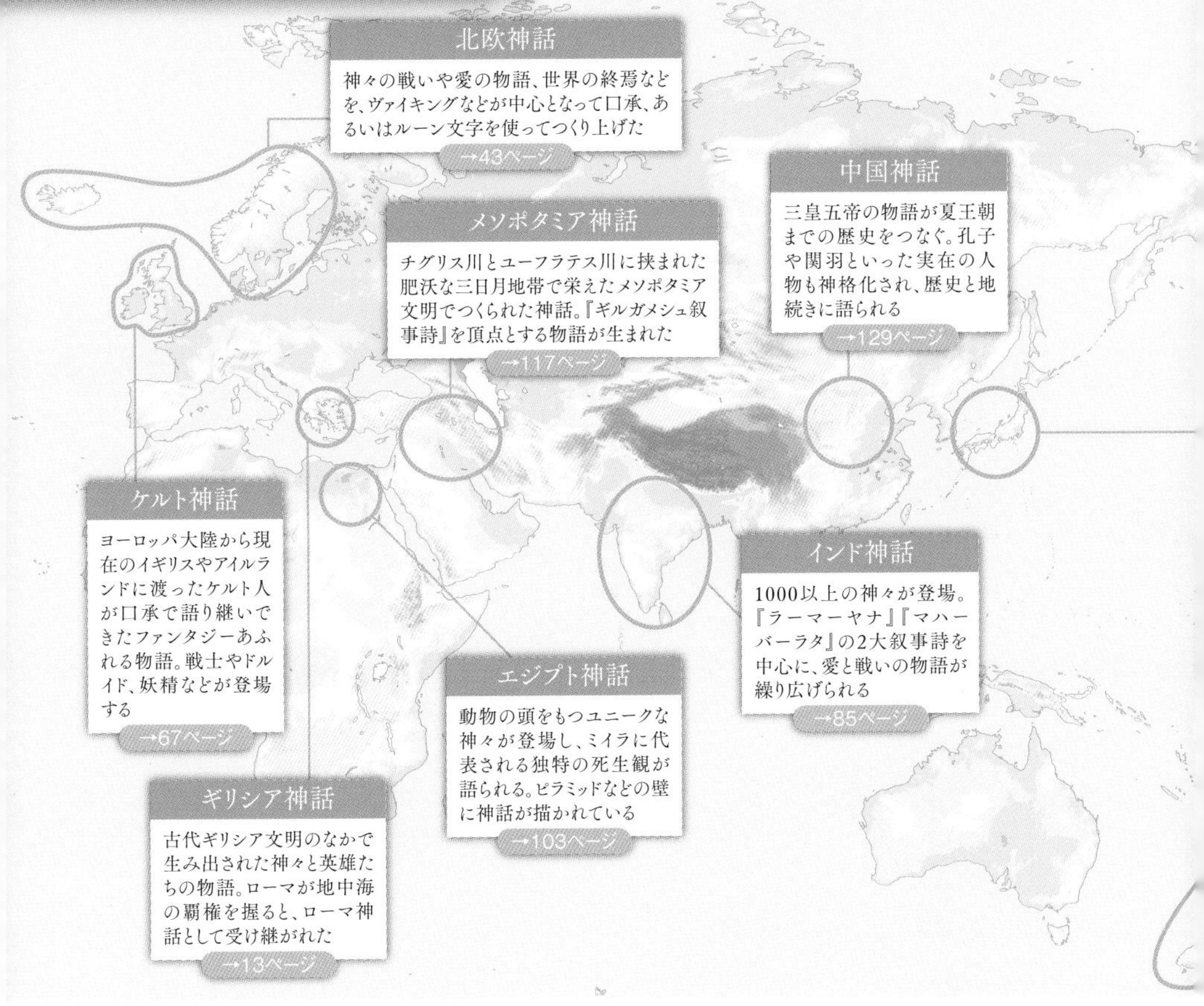
北欧神話
神々の戦いや愛の物語、世界の終焉などを、ヴァイキングなどが中心となって口承、あるいはルーン文字を使ってつくり上げた
→43ページ
中国神話
三皇五帝の物語が夏王朝までの歴史をつなぐ。孔子や関羽といった実在の人物も神格化され、歴史と地続きに語られる
→129ページ
メソポタミア神話
チグリス川とユーフラテス川に挟まれた肥沃な三日月地帯で栄えたメソポタミア文明でつくられた神話。『ギルガメシュ叙事詩』を頂点とする物語が生まれた
→117ページ
ケルト神話
ヨーロッパ大陸から現在のイギリスやアイルランドに渡ったケルト人が口承で語り継いできたファンタジーあふれる物語。戦士やドルイド、妖精などが登場する
→67ページ
インド神話
1000以上の神々が登場。『ラーマーヤナ』『マハーバーラタ』の2大叙事詩を中心に、愛と戦いの物語が繰り広げられる
→85ページ
エジプト神話
動物の頭をもつユニークな神々が登場し、ミイラに代表される独特の死生観が語られる。ピラミッドなどの壁に神話が描かれている
→103ページ
ギリシア神話
古代ギリシア文明のなかで生み出された神々と英雄たちの物語。ローマが地中海の覇権を握ると、ローマ神話として受け継がれた
→13ページ

きたのです。

そして人類が興味を抱くテーマには、共通点が多くみられる傾向にあります。民族や地域が違っても、知りたい、理解したいテーマは似ているようです。

たとえば、日本神話のアマテラスやエジプト神話のラーのように、太陽を神格化した神が多くの神話に登場します。あるいはギリシア神話や日本神話には、夫が死んだ妻を連れ戻すために冥界を訪れる、というよく似たエピソードがあります。

人類の移動や交流が進むにつれ、神話も伝播していき、神話に類似性が生まれたと考えられています。

科学の進歩の結果、現在ではさまざまな物事や現象が解明されましたが、すべてが科学で解き明かされたわけではありません。そうした意味で、現代における神話の存在理由は、決して小さくないのです。

神話を彩る神々

ギリシア神話

アテナ　ゼウス　プロメテウス

北欧神話

トール　オーディン　フレイヤ

ケルト神話

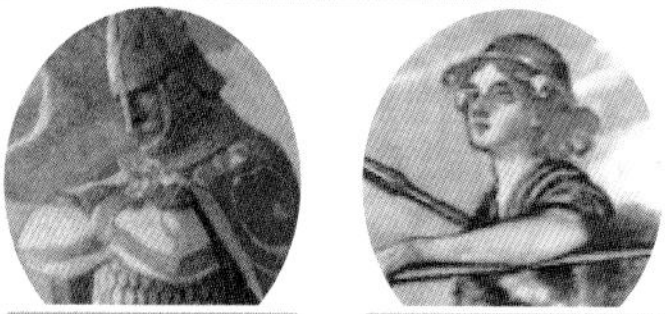

アーサー王　クー・フリン

インド神話

ヴィシュヌ　シヴァ　ブラフマー

エジプト神話

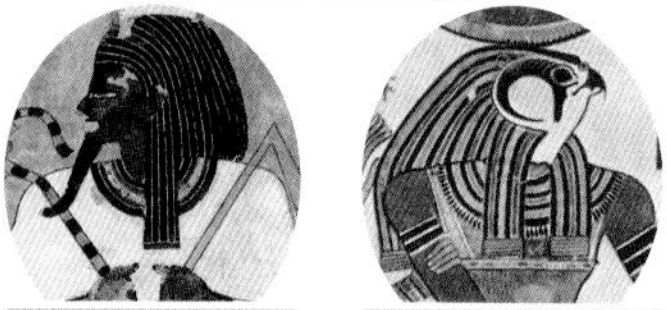

オシリス　ラー

メソポタミア神話

イシュタル　ギルガメシュ

中国神話

西王母　嫦娥

日本神話

アマテラス　スサノオ

Chapter 1

ギリシア神話

時代を通じて親しまれてきた
叙事詩の世界

ギリシア神話の概観

オリュンポスの神々による恋や憎悪、争いの物語

●古代ギリシア文明から生まれた

世界各地に伝わるさまざまな神話のなかで最も広く親しまれている神話のひとつは、ギリシア神話ではないでしょうか。絵画や彫刻のモチーフになったり、星座の起源になったりと、ギリシア神話は古くから身近な存在であり続けてきました。

そのギリシア神話の原形が生まれたのは、紀元前1500年頃とされています。古代ギリシア文明のなかで語り継がれてきたいくつもの物語があり、それらが詩人ホメロスの叙事詩『イーリアス』と『オデュッセイア』、詩人ヘシオドスの叙事詩『神統記』などを通じて、形を変えながら現在に伝えられたと考えられています。

●ギリシア神話の3パート

ギリシア神話は「創世神話」「神々の物語」「英雄たちの物語」の3つから構成されています。

創世神話では、混沌のなかから大地の女神ガイアをはじめとする原初の神々が生まれ、世界が形成されていきます。そしてガイアの子どもたちのティターン神族と、ゼウスをはじめとするオリュンポス神族が激しい戦いを繰り広げ、最終的に勝利したゼウスが最高神の座につくのです。

神々の物語では、オリュンポスの神々が恋をしたり、嫉妬したり、喧嘩したりといった人間味のある物語が語られます。

英雄たちの物語では、ヘラクレスやアキレウスといった半神半人の英雄たちが神々の力を借りながら戦いを繰り広げます。ハイライトのトロイア戦争では、一堂に会した英雄たちがギリシア軍とトロイア軍に分かれ、激戦を繰り広げる様子が描かれます。

そしてトロイア戦争に敗れたトロイア軍のアイネイアスはイタリアへ逃亡します。その血統がローマに継承されたことにより、ギリシア神話はローマ神話と結ばれ、ギリシアの神々はローマ神話の神として組み入れられることになったのです。

ギリシア神話の全体構成

創世神話

大地の女神ガイアをはじめとする原初の神々が生まれて世界が形成され、戦いに勝ったゼウスが最高神の座につく

神々の物語

オリュンポスの神々が恋をしたり喧嘩したりといった人間味のある物語が綴られていく

英雄たちの物語

半神半人の英雄たちが神々の力を借りながら戦いを繰り広げる。トロイア戦争ではギリシア軍とトロイア軍が激突

主な神々の相関図

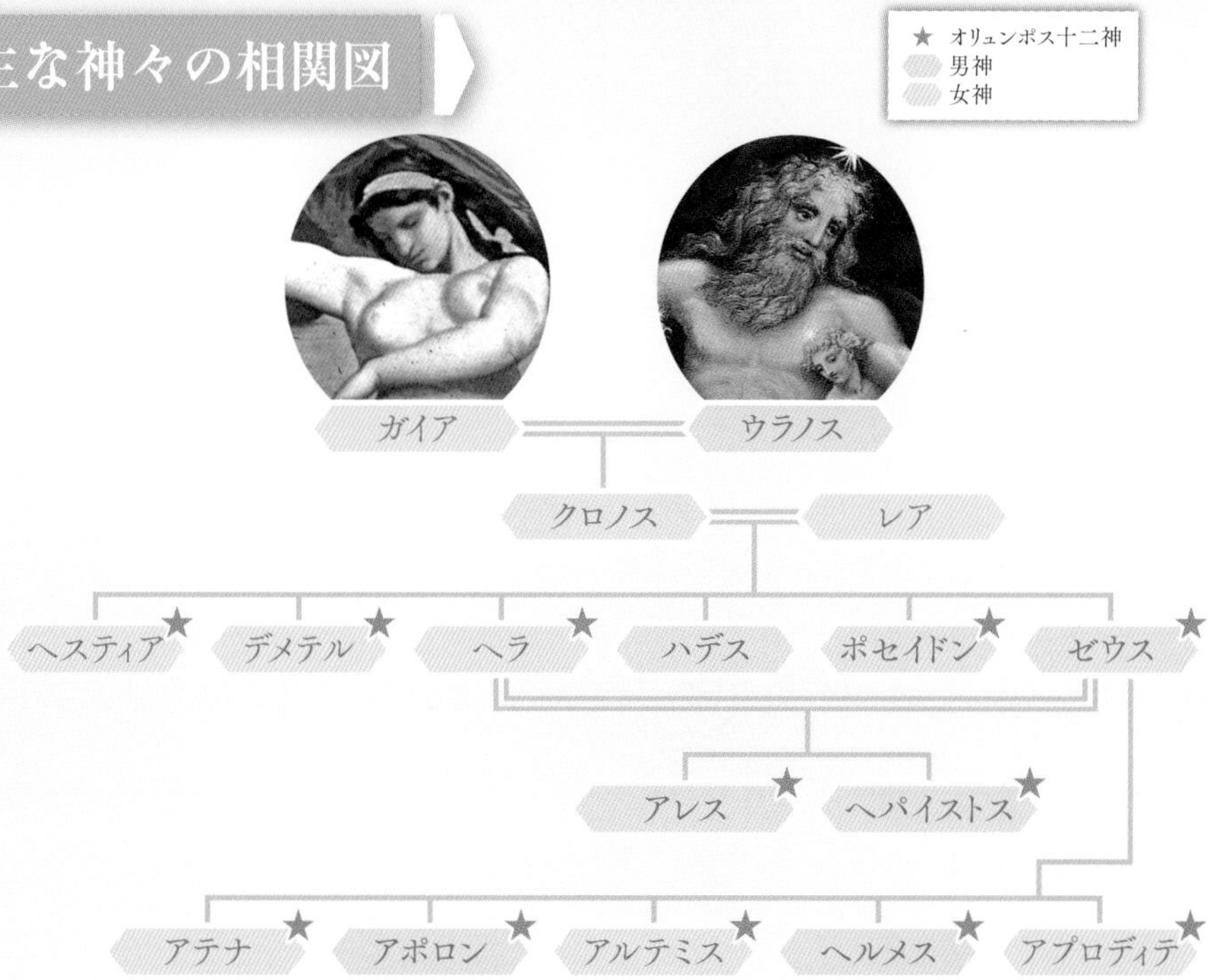

ギリシア神話

テイタノマキアとギガントマキア

オリュンポス神族とティターン神族による2つの大戦

ティタノマキアで敗れ、天界から落とされるティターン神族
『ティターンの堕落』コルネリウス・ファン・ハールレム

●ガイアが次々に子を生んだ

ギリシア神話の世界は、天と地が分かれていないカオス（混沌）の状態からはじまります。

そこから最初に生まれたのは大地の女神ガイア、万物を結びつける愛の神エロス、地底の神タルタロス。その後、ガイアは単独で天空の神ウラノスと海の神ポントス、山の神ウレアを生みました。

次にガイアは、その世界で暮らす者が欲しいと考え、息子ウラノスと交わって巨怪なティターン神族を誕生させます。さらに神々だけでなく、五十頭百手をもつヘカトンケイル三兄弟や、ひとつ目のキュクロプスといった怪物も生みました。

こうして世界にガイアの子が次々と生まれたわけですが、ウラノスはキュクロプスらを嫌悪し、タルタロスの深淵に幽閉してしまいます。これに激怒したガイアは、ティターン神族のなかで勇敢な末子クロノスに命じ、ウラノスの男根を切りとらせたのです。

父ウラノスを倒して神々の頂点に立ったクロノスに対し、ウラノスは「お前はわが子にその座を奪われる」と不吉な言葉を残します。その予言におびえたクロノスは、子どもが生まれるたびに、次々に呑み込んでいきました。

クロノスの妻レアは、そんな夫を嘆いて一計を案じます。6番目の子ゼウ

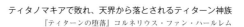

ティタノマキアの主役たち

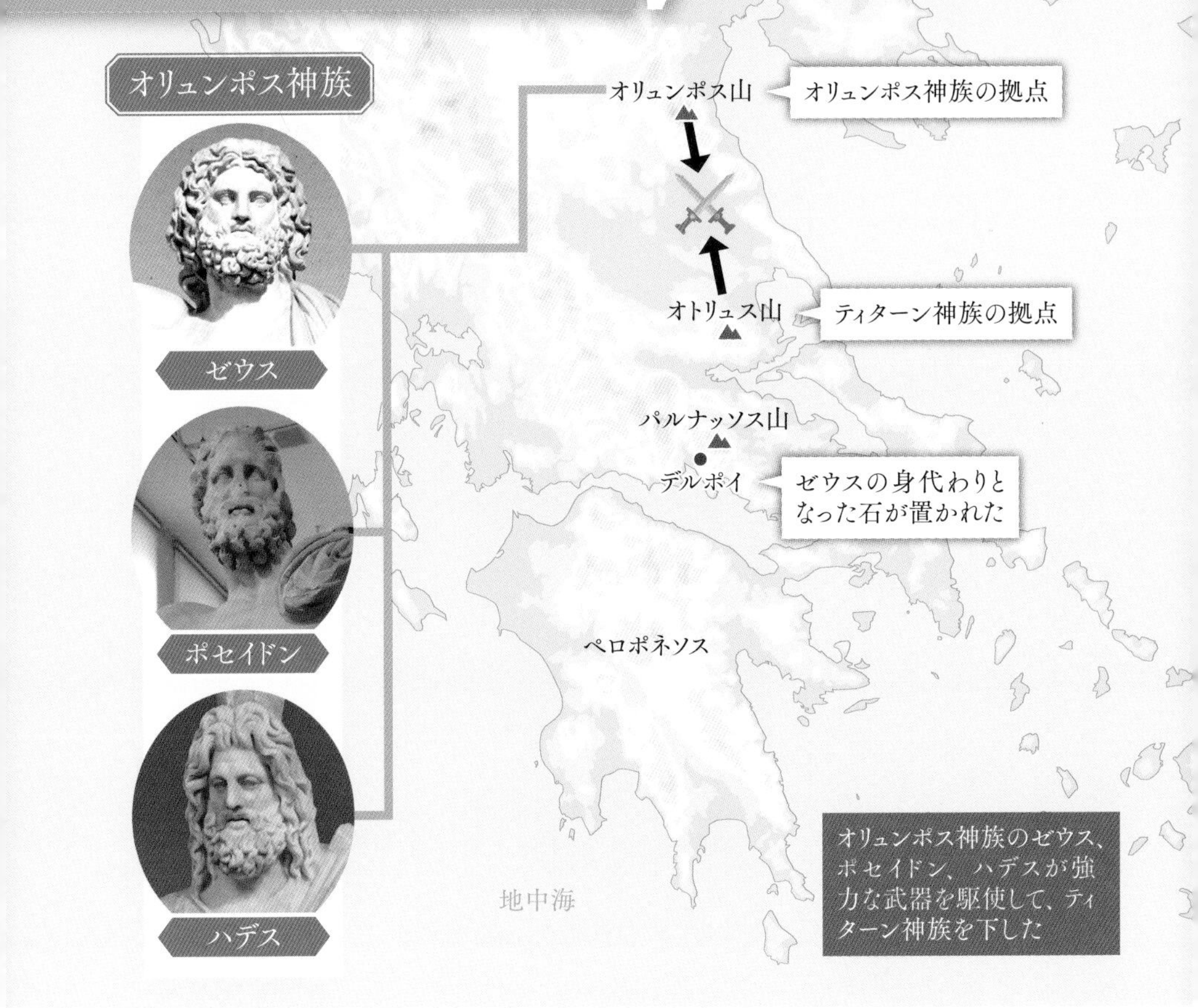

スが生まれると、ゼウスの代わりに石を呑ませたのです。

　クレタ島で密かに育てられたゼウスは無事に成長し、父親退治を決意します。まずガイアから授けられたネクタルという神酒をクロノスに飲ませ、兄姉神を吐き出させます。そして兄姉たちとともにオリュンポス山に陣取り、クロノスと配下のティターン神族に宣戦を布告しました。

　ゼウス率いるオリュンポス神族とクロノスのティターン神族によるティタノマキア（マキアは「戦い」の意味）の勃発です。

●ティタノマキアが起こる！

　ティタノマキアは熾烈な争いとなり、10年経っても決着がつきません。そこでゼウスに救いの手を差し伸べたのはガイアでした。

　ガイアの助言を受けたゼウスは、幽

閉されていたヘカトンケイルやキュクロプスらを救出。彼らは助けてもらったお礼にと、万物を破壊する雷霆《らいてい》、大陸と大海を支配する三叉《さんさ》の矛《ほこ》、姿が見えなくなる兜《かぶと》をつくって献上しました。ゼウスらはその強力な武器を手に最終決戦に挑みました。

　戦場でポセイドンは三叉の矛で大地と大海を揺るがし、姿を隠す兜をつけたハデスが敵の武器を奪います。ゼウスは万物を破壊する雷霆を投げて敵の目を焼きました。こうしてついにオリュンポス神族が勝利をおさめ、宇宙の新しい支配者となったのです。ゼウスは天界、ポセイドンは海、ハデスは冥界をそれぞれ支配しました。

ティタノマキアの後、ティターン神族のアトラスは天空を背負う役目を負わされました　『天球を支えるアトラス』グエルチーノ

●ギガントマキアで怪物と戦う

　戦いに敗れたティターン神族は奈落の底のタルタロスの深淵に幽閉されました。しかし、それを知ったガイアは激怒し、オリュンポス神族を滅ぼそうとします。

　ガイアは、ウラノスの男根が切り落とされた際に流れた血と交わり、巨大な怪物ギガンテスらを生むと、彼らにオリュンポスを攻撃させました。それによってオリュンポス神族との間ではじまった戦いがギガントマキアです。

　ギガンテスは神の力では殺せない能力をもっていたため、ゼウスらは困り果てます。しかし、ゼウスの子で半神半人のヘラクレスが毒矢を放ち、ギガ

ギガントマキアで壊滅させられたギガンテスたち
『神々と巨人族の戦い』ジュリオ・ロマーノ

ンテスを撃退しました。

次にガイアは、タルタロスと交わって生んだ百頭の巨蛇の怪物デュポンを差し向けてきました。星に触れるほど大きく、圧倒的な力をもつデュポンを見て、多くの神々はエジプトへ逃亡してしまいます。一説によると、ゼウスは手足の腱を切られ、洞窟に閉じ込められてしまったといわれています。

このゼウスの危機を救ったのが、彼の息子で盗人の神ヘルメスでした。ヘルメスが父の腱を奪い返して救出すると、復活したゼウスはシチリアのエトナ山をデュポンに投げつけ、見事に勝利をおさめました。

オリュンポス神族は、ティタノマキアに続いてギガントマキアも制し、支配体制を確立したのです。

Column 神話の舞台

エトナ山（イタリア）

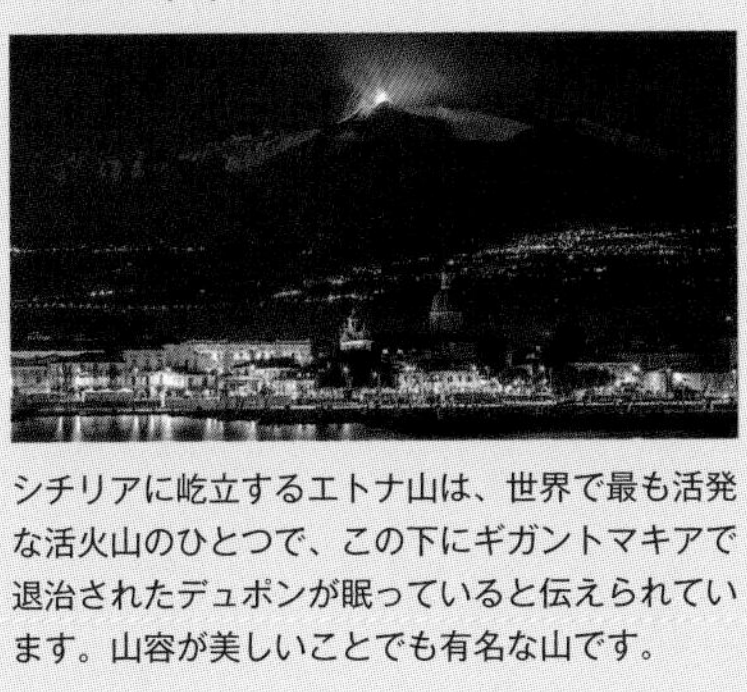

シチリアに屹立するエトナ山は、世界で最も活発な活火山のひとつで、この下にギガントマキアで退治されたデュポンが眠っていると伝えられています。山容が美しいことでも有名な山です。

ギリシア神話

プロメテウスの罪

火を盗んで人間に与えたことで
岩山に縛られた反逆の神

ヘパイストスから火を盗み、地上へ降りていくプロメテウス
『火を運ぶプロメテウス』ヤン・コシエール

●プロメテウスは人間の創造神

オリュンポス神族が支配する地上では、人間も生活をはじめていました。人類の起源について、ギリシア神話ではいくつかの解釈がなされています。

古代ギリシアの詩人ヘシオドスの『仕事と日』によると、人間の時代はクロノスによる黄金の時代からはじまり、銀の時代、青銅の時代、英雄の時代、そして鉄の時代と続いてきたとされています。時代が下るにつれて、環境とともに人間も堕落してきたと伝えています。

ただし別の神話によると、人間はティターン神族のプロメテウスによってつくられたとしています。

プロメテウスはティターン神族でありながら、ティタノマキアではゼウスに味方し、オリュンポス神族を勝利に導いた知恵者。戦後、弟のエピメテウスとともに土と水をこね、神の姿に似せて人間をつくりました。

出来上がった人間を、プロメテウスは溺愛し、家の建て方、馬車や船のつくり方、数や文字、天候の読み方など生活に必要なほとんどのことを教えます。そして神々と人間が牛の肉の分配方法で争った際には、ゼウスをだまして人間に肉を与えさえしました。これに怒ったゼウスは、人間から火をとり上げてしまいました。

●3万年も肝臓を突かれ続けた！

火を奪われ、寒さに凍える人間を見たプロメテウスは、鍛冶の神ヘパイストスの作業場から火を盗んで人間に与えます。これにより人間は火を使うことを覚え、火を使った文明を築いていきました。

しかし、人間が火を使って武器をつくり、戦争をはじめると、ゼウスの怒りが爆発します。プロメテウスを捕まえ、重い罰を与えたのです。

その罰とは、磔《はりつけ》にして生きたまま毎日肝臓をワシについばませるというもの。プロメテウスは不死であり、臓器が壊れても再生するため、肝臓を何度もワシに食われるという苦しみに3万年以上も苛《さいな》まれることになりました。彼を助けたのは、偶然通りかかった英雄ヘラクレスでした。

ゼウスの使いのワシがプロメテウスの肝臓をついばんでいます
『縛られたプロメテウス』ピーテル・パウル・ルーベンス

パンドラの箱

最初の女性が開けた禁断の箱
そのなかに入っていたものとは？

「開けてはいけない」とされていた箱（壺）を開けてしまうパンドラ
『パンドラ』ジョン・ウィリアム・ウォーターハウス

●人間への罰として女性をつくる

火を盗んで人間に与えたプロメテウスに対して、ゼウスは厳しい罰を与えました。しかし、それだけではゼウスの怒りはおさまらず、人間にも戒めを与えることにします。

当時、世界にはまだ男性しかいませんでした。そこでゼウスは、息子のヘパイストスに「女性」をつくらせます。その、不死の女神に似た人類最初の女性は、パンドラと名づけられました。

ゼウスが人間に与えた罰――。それは女性であったのです。

パンドラは美の女神アプロディテ（アプロディテ）から男性を惑わす色気を授けられ、技芸の女神でもあるアテナから機織りの技術を教えられ、盗人の神ヘルメスからずる賢い気質を叩きこまれました。

そして神々から「開けてはいけない」という壺を与えられ、プロメテウスの弟エピメテウスのもとに遣わされます。エピメテウスは兄から「ゼウスからの贈り物は受けとるな」と忠告されていましたが、パンドラの魅力にあらがえず妻として迎えてしまいました。

●箱のなかに残されたものとは？

その後しばらくして、事件が起こります。パンドラが開けてはいけない壺が気になってしかたがなく、ついに開けてしまったのです。

すると壺のなかから悲しみ、苦痛、病気、争い、犯罪、疫病など、ありとあらゆる災厄が一斉に飛び出してきて、世界に放たれました。

パンドラは慌てて壺を閉めましたが、時すでに遅し……。それ以降、世界は災厄で覆われ、人間はあらゆる不幸に見舞われることになったのです。

しかし、ひとつだけ壺のなかに残ったものがありました。希望です。そのため人間は、どんな不幸や悲しみに直面しても、希望を頼りに生きていけるのだといわれています。

この神話にもとづき、「パンドラの箱」は「災いのもととなるもの」の代名詞となりました。

なお、女性が不幸をもたらすという現代とはかけ離れた考え方は、キリスト教の聖典『旧約聖書』に描かれているアダムとエヴァ（＝イヴ）の物語でよく知られています。蛇の誘惑に負けたエヴァがアダムをそそのかし、神の命に背いて2人で禁断の果実を口にしてしまいます（原罪）。そのため、2人は楽園を追放され、永遠の命を失うことになるのです。

禁断の果実を口にして、楽園を追われるアダムとエヴァ
『原罪と楽園追放』ミケランジェロ・ブオナローティ

ギリシア神話

最高神ゼウス

ギリシア神話の主役でありながら
女性にだらしない人間味のある神

ゼウスはオリュンポス十二神の最高神として君臨しています
『ユピテルとテティス』ドミニク・アングル

●浮気をしまくる最高神

ギリシア神話に登場する数多くの神々のうち、主役といえる存在がオリュンポス神族のゼウスです。

主役というからには厳格な神であろうと思いきや、必ずしもそうとはいい切れません。恋愛スキャンダルにまみれた、だらしない神という側面をもっているからです。

「創世神話」に続く「神々の物語」では、ゼウスの恋愛にまつわる話が目立ちます。

そもそもゼウスは3回も結婚をしています。最初の妻はティターン神族の女神メティスでしたが、その子どもが自身を脅かすと予言で知ると、メティスを呑み込んでしまいました。２番目の妻はやはりティターン神族の女神テミス。彼女と一緒になった後、ゼウスはヘラと出会い、テミスと離縁してヘラを正妻としました。

　しかし、ヘラと結婚してからもゼウスの好色ぶりは変わらず、浮気を繰り返しました。女神、人間、ニンフと、ありとあらゆる女性に手を出し、挙げ句の果てには美男子にも恋をする始末です。

牡牛に変身し、エウロペをさらっていくゼウス
『エウロペの略奪』ティツィアーノ・ヴェチェッリオ

●好色の意外な理由とは？

　ゼウスの好色エピソードは、枚挙にいとまがありません。

　イオという美女との浮気をヘラに見つかって問い詰められると、ゼウスはイオを雌牛に変えてごまかそうとしました。スパルタ王の妻レダを見そめたときには、自ら白鳥に変身してレダの腕に飛び込み、思いを遂げています。

　牡牛に化けてフェニキアの王女エウロペをさらったこともありました。エウロペを背に乗せて駆けまわった地域は、その名にちなんで「ヨーロッパ」と呼ばれるようになりました。

　なぜ、ゼウスはこれほど浮気を繰り返したのでしょうか？　実は好色だけが理由ではなかったようです。

　古代ギリシアの王や貴族たちは自分の家系をよく見せようと、自分たちの先祖をゼウスにつなげようと画策しました。その結果、ゼウスが浮気を繰り返し、多くの子どもをもうける物語がつくられたというのです。実際、ゼウスの浮気相手の子の多くは神や英雄、王となっています。

　世界の王たる者は多くの子孫を残し、次代に伝えることも重要な役割であったといえるでしょう。

Column　神話の舞台

オリュンポス山（ギリシア）

この山はギリシアの最高峰。ゼウスをはじめとするオリュンポス十二神が山頂に棲むとされていますが、登山も可能です。

ギリシア神話

ペルセウス対メドゥーサ

頭に蛇を生やした女怪に半神半人の英雄が挑む！

見た者を石にするメドゥーサの首を敵に突きつけるペルセウス
『フィネウス一味を打ち倒すペルセウス』ルカ・ジョルダーノ

●半神半人対メドゥーサ

ペルセウスといえば、ギリシア神話のなかで屈指の人気を誇る英雄です。父はゼウス、母はアルゴス王アクリシオスの娘ダナエで、半神半人の存在として生まれました。

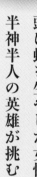

ペルセウスの生涯は、出生から波乱に満ちていました。アクリシオスは「孫に殺される」との神託を受けていたため、娘のダナエを青銅の部屋に幽閉していました。しかし、ゼウスは黄金の雨に変身して忍び込み、ダナエと交わってしまったのです。

やがてペルセウスが誕生します。アクリシオスは孫を殺すのもしのびなく思い、母子ともに箱に入れて川に流しました。母子は流れ着いたセリポス島で暮らしはじめます。

数年後、島の領主がダナエに恋をし、邪魔なペルセウスを遠ざけようと、一計を案じます。ゴルゴン3姉妹のひとり、メドゥーサを退治してくるように命じたのです。

メドゥーサは見た者を石に変える能力をもつ怪物で、誰も近づけませんでした。その怪物に対し、ペルセウスはゼウスの助けを得て、青銅の盾、翼のついたサンダルと袋、隠れ兜などの武器を入手。まず兜をかぶって姿を消し、盾に映るメドゥーサの姿を見ながら接近します。そして首を切断すると、サンダルを履いてひらりと上空に舞い上がり、追手をまいて脱出したのです。

帰路、ペルセウスはエチオピアで海獣の生贄《いけにえ》にされかけていた王女アンドロメダを救出して結婚しました。これと似た物語は、日本を含めて世界各地にあり、「ペルセウス・アンドロメダ型神話」と呼ばれています。

その後、ペルセウスは母のダナエにしつこくいい寄る領主をメドゥーサの首で石に変え、生まれ故郷のアルゴスへと向かいます。孫の帰還を恐れたアクリシオスは逃亡したため、ペルセウスがアルゴスの王となりました。

●不幸にも予言が的中！

そしてある日、ペルセウスは円盤投げの競技会に参加しました。そこで投げた円盤が観客席に飛び込み、老人を死なせてしまいます。

実は、その老人がアクリシリオスでした。奇しくも「孫に殺される」という予言は当たってしまったのです。

真実を知ったペルセウスは、もはやアルゴスを統治する気になれず、領地を交換して小国ティリュンスの王となったのでした。

空を飛ぶペルセウス（右上）がアンドロメダを発見する場面
『アンドロメダを救うペルセウス』ピエロ・ディ・コジモ

テセウスのミノタウロス退治

少年少女を助けるため迷宮に入ったアテナイの王子の顛末は？

テセウスは自ら生贄となり、牛頭人身の怪物ミノタウロスと戦います
『ミノタウロスと戦うテセウス』エティエンヌ・ジュール・ラメイ

●迷宮に棲む牛頭人身の怪物

クレタ島には、ミノタウロスという怪物が棲んでいました。海の神ポセイドンの呪いにより、この島のミノス王妃パシパエが牡牛と交わって生んだ牛頭人身の怪物です。

ミノタウロスはあまりに狂暴であったため、ミノス王は一度入ったら出られない迷宮ラビュリントスに閉じ込めます。そしてアテナイに献上させた少年を7人、少女を7人、生贄として9年おきに与えていたのです。

この生贄の風習に憤慨し、ミノタウロスを退治すべく立ち上がったのが、アテナイの王子テセウスです。

テセウスは生贄となる少年少女に交

じってクレタ島に上陸しました。しかし、そこでミノタウロスを倒した後、迷宮からどうやって脱出するかという問題に直面します。迷宮から出られなければ、怪物退治に成功したとしても、元も子もなくなってしまうからです。

そのときテセウスに救いの手を差し伸べたのがミノス王の娘、つまりミノタウロスの異父姉アリアドネでした。アリアドネは、テセウスに一目惚れ。自分との結婚を条件に、麻糸の鞠と短剣を手渡し、脱出方法を教えたのです。

テセウスは教えられたとおり、糸を入口の扉に結び、それを伸ばしながら迷宮の奥へと進みます。そしてミノタウロスを見つけると、短剣で一撃！

見事、ミノタウロスを退治したテセウスは、糸玉を逆にたぐって迷宮から抜け出したのです。

●不幸を呼んだテセウスの船

その後、テセウスは船でアテナイに凱旋しました。しかし、ここで思わぬ悲劇に見舞われます。

テセウスは「無事に帰ったときは船に白い帆を掲げるように」という父との約束を忘れ、黒い帆のまま戻ってきてしまいました。それを見た父王アイゲウスは、息子が死んだものと勘違いし、絶望のあまり海に身を投げてしまったのです。エーゲ海の呼称は、この父王の名に由来します。

不慮の出来事に衝撃を受けたテセウスは、父の後を継いでアテナイ王の座についたものの、やがてアテナイを追放され、亡命先で殺害されました。

このように、栄光に包まれた英雄が晩年になって不幸な最期を迎える展開は、ギリシア神話でよく見られます。

テセウスの旅路

エーゲ海
テッサリア
ペロポネソス
アテナイ
トロイゼン
クレタ島
クノッソス
地中海
1 トロイゼンで育ち、父に会うためにアテナイへ
2 怪物や巨人を倒しながらアテナイを目指す
3 生贄に交ざり込んでクレタ島へ向かう
4 迷宮に侵入し、ミノタウロスを退治する
5 アテナイに凱旋するも、帆の色を間違えて父王を投身させてしまう

ギリシア神話

ヘラクレスの12の功業

最強の英雄ここにあり！神と人間の子の大いなる冒険

ヘラクレスは素手でライオンと戦い、見事に退治します
『ネメアのライオン退治』フランシスコ・デ・スルバラン

●筋骨隆々で屈強な英雄

ギリシア神話最強との呼び声も高いヘラクレス。筋骨隆々で屈強なイメージが強い英雄ですが、その生涯は苦難の連続でした。

そもそもヘラクレスは、ギリシア神話の最高神であるゼウスとメドゥーサを退治したペルセウスの孫にあたるミュケナイ王女アルクメネとの間に生まれた半神半人。つまり、ゼウスが不倫相手との間にもうけた子です。

ゼウスの浮気を知った妻のヘラは、不義の子を憎み、ゆりかごに毒蛇を放り込みます。ヘラクレスは生まれながらに怪力だったため、素手で毒蛇を絞め殺して事なきを得ましたが、幼児期から命を脅かされていたのです。
その後、ヘラクレスは成長してテーバイの王女と結婚し、子をもうけます。ところが、憎しみを消せないヘラが彼の魂を狂わせると、正気を失ったヘラクレスは妻子や兄弟を殺してしまったのです。
やがて我に返ったヘラクレスは、罪を償うためにアポロンの神託を問うたところ、「ミュケナイ王が命じる12の難業を遂行せよ」とのお告げが下ります。こうしてヘラクレスは12の功業を果たすことになったのです。

●功業を成し遂げたものの……

ヘラクレスは、ネメアの谷に棲む不死身のライオンやレルネの沼の水蛇ヒュドラを退治。続いてステュムパロスの森の鳥退治やミノタウロスの父親とされる牡牛退治、トラキアの人喰い馬の生け捕りなど、次々に功業を成し遂げていきます。

さらにアマゾン族の女王との戦いに勝利すると、その腰帯を奪取。怪物ゲリュオンの飼う赤い牛を生け捕りにしたり、100の頭をもつ竜のラドンを倒して黄金のリンゴを手に入れたりもしました。そして最後は冥界の番犬ケルベルスを生け捕りにし、ついに12の功業を果たしたのです。

しかしその後、ヘラクレスは不幸な最期を迎えます。ヘラクレスの再婚相手デイアネイラは、夫に殺されたケンタウロス族のネッソスから、「媚薬になる」と、その血を渡されていました。あるとき夫の浮気を察したデイアネイラは、血に浸した衣服を夫に着せてみます。しかし実は、血は猛毒で、ヘラクレスは激痛にのたうちまわって絶命したのです。

後世、功績が認められ、オリュンポスの神となりましたが、ヘラクレスの死はあまりに壮絶なものでした。

ヘラクレスの12の功業

1. ネメアの谷に棲む不死身のライオンを退治する
2. レルネの沼に棲む水蛇ヒュドラを退治する
3. ケリュネイア山の黄金の角をもつ鹿を生け捕りにする
4. エリュマントス山に棲む大猪を生け捕りにする
5. エリス王の30年間無掃除の畜舎を1日で清掃
6. ステュムパロスの森の無数の鳥を退治
7. ミノタウロスの父親とされる凶暴な牡牛を退治する
8. トラキアの人喰い馬を生け捕りにする
9. アマゾン女王に勝利し、腰帯を奪取する
10. 怪物ゲリュオンが飼う赤い牛を生け捕りにする
11. ヘスペリデスの黄金のリンゴを手に入れる
12. 冥界の番犬ケルベルスを生け捕りにする

トロイア戦争

ギリシア軍の一員として戦勝に貢献したアキレウス
『アキレウスの勝利』フランツ・マッシュ

●トロイア戦争は史実だった⁉

ギリシア神話には完全な創作とはいい切れない、神話と歴史の狭間に位置する物語があります。それがトロイア戦争です。神々や英雄たちがギリシア軍とトロイア軍に分かれ、10年にもわたって戦いが繰り広げられました。

かつては神話に過ぎないと考えられていましたが、19世紀にドイツの考古学者シュリーマンによって遺跡が発掘され、史実性の高いものであることが明らかになったのです。

●最も美しい女神は誰？

トロイア戦争の発端は、女性たちの虚栄心でした。

美女争いがきっかけで勃発したギリシア軍とトロイア軍の争い

海の女神テティスと人間の子ペレウスの結婚式に招待されなかった不和の神エリスは、式を邪魔しようと、黄金のリンゴに「最も美しい女神へ」と書いて投げ込みました。ゼウスの妻ヘラ、ゼウスの娘アテナ、美と愛の女神アプロディテがそれをとり合う様子を見て、ゼウスは困惑。若く美しいトロイアの王子パリスに審判を命じました。

3人の女神を前にして、パリスが選んだのはアプロディテ。彼女を選んだ見返りに、パリスは世界一美しい人間の美女ヘレネを妻として迎えることになりました。ところが、ヘレネはスパルタ王メネラオスの妻であったため、メネラオスを激怒させてしまいます。

メネラオスの訴えを聞いた兄のミュケナイ王アガメムノンは、全ギリシアに呼びかけ、各地から英雄を集めます。そしてギリシア（アカイア）軍を編成し、トロイアへ侵攻。ここにトロイア戦争の幕が切って落とされたのです。

●ギリシア軍の内輪揉め

アガメムノン率いるギリシア軍についたのはアキレウスやオデュッセウスで、トロイア王子ヘクトル率いるトロイア軍にはパリスやアイネイアスなどがつきました。神々も両軍に分かれ、パリスの審判を不服とするヘラやアテナ、トロイア王家を憎むポセイドンなどはギリシア側、パリスの審判で選ばれたアプロディテや双子の姉弟であるアルテミスとアポロンなどはトロイア側を支援しました。

10万に膨れ上がったギリシア軍がトロイアに上陸すると、戦闘がはじまり、アキレウスがギリシア兵を1000人倒したとされる勇将キュクノスを討ちとりました。一方、出だしで躓いたトロイア軍は鉄壁の防御を誇るトロイアの町に籠城。これを攻略するのはギリシア軍でも難しく、9年間も膠着状態が続きました。

そうしたなか、ギリシア軍はアポロンの神殿を襲撃し、アガメムノンが巫女をさらいました。激怒したアポロンは、ギリシア軍内部に疫病を流行らせ、多くの戦士たちを苦しめます。戦士たちはあまりの苦しさに、アガメムノンに巫女を返すよう要求。アガメムノン

パリスの審判がトロイア戦争の引き金になりました
『パリスの審判』ピーテル・パウル・ルーベンス

トロイア戦争の構図

はしぶしぶ巫女を返還しましたが、今度はアキレウスの愛人を奪っていきます。この総大将の蛮行に、アキレウスは激怒して戦場を離脱。ギリシア軍は内輪揉め状態になってしまいます。

●弱点を突かれたアキレウス

アキレウスはアガメムノンの和解の申し出に応じず、友人パトロクロスの説得にも態度を変えません。ギリシア軍きっての英雄が不在となったことにより、戦局はトロイア軍に傾き、アガメムノンも負傷してしまいました。

しかし、かたくなアキレウスも、パトロクロスが自分の代わりに戦場に立って討ちとられたと知り、ようやく戦場に復帰しました。

アキレウスはパトロクロスの仇であるヘクトルを殺害すると、その後も女戦士のアマゾネスやエチオピアの戦士メムノンを倒すなど、怒濤の快進撃を

木馬がトロイアの町に運ばれていく場面。木馬のなかにはギリシア軍の兵士が潜んでいました
『トロイアに入る木馬の行進』ジョヴァンニ・バッティスタ・ティエポロ

続けます。しかし、無類の強さを誇るアキレウスにも弱点がありました。それは踵《かかと》です。

アポロンから宿敵の弱点を告げられたパリスは、アキレウスの踵を狙って矢を放ちます。その矢は見事に命中し、アキレウスは息絶えたのです。この故事にちなんで、踵の腱をアキレス腱と呼ぶようになったことはいうまでもありません。

●木馬作戦でトロイアをだまし討ち

最大の英雄を失って窮地に追い込まれたギリシア軍。しかし、ここでオデュッセウスが起死回生の一手を打ちます。木馬作戦です。

ギリシア軍は撤退するかのように装い、巨大な木馬を置き去りにします。その木馬のなかには、多くの兵士たちが潜んでいました。何も知らず、勝利を確信したトロイアの人々は、「裏があるのでは」と心配する神官ラオコーンの声に耳を傾けることなく、木馬を城内に入れます。

その夜、木馬内に隠れていた兵士たちは一斉に外へ飛び出し、トロイアの町を襲撃。城門を開くと、控えていたギリシア軍がなだれ込んできました。

こうしてトロイアは滅亡し、トロイア戦争はギリシアの勝利で幕を閉じたのです。

Column　神話の舞台

トロイア遺跡（トルコ）

トロイア遺跡では、9層にわたって積み重なる都市の遺構が発見されていますが、それが神話のトロイアかどうかはわかっていません。近郊には神話をもとに復元された木馬もあります。

ギリシア神話

オデュッセウスの帰還

いくつもの困難を乗り越え、故郷へ帰った知謀の将

●忘れてしまった神々への感謝

トロイア戦争でギリシア軍の勝利の立役者となったオデュッセウス。戦後、彼は故郷のイタキ島へ帰ろうとトロイアを出航しましたが、10年にわたる過酷な旅を強いられることになります。

そうなった理由は、ギリシア軍が戦勝に浮かれすぎ、味方をしてくれた神々への感謝を怠ったからでした。

オデュッセウスの帰路の苦難については、ホメロスの叙事詩『オデュッセイア』に書かれています。

たとえば、ひとつ目の巨人キュプロクスたちの棲む島に到着したときには、海の神ポセイドンの子ポリュペモスによって洞窟に閉じ込められてしまいました。

オデュッセウスはポリュペモスを酒に酔わせ、木の杭を目に突き刺して洞窟から脱出しましたが、その後も苦難は続きます。

風の神アイオロスが棲む浮島を訪れたときには、船旅の成功を願うアイオロスから風を封じ込めた袋をもらいました。ところが、オデュッセウスの部下たちが好奇心から袋を開けてしまったため、なかから逆風が飛び出してきて、一行の船は出発地に押し戻されてしまったのです。

さらにアイアイエ島では、島への訪問客を動物に変えて手下にする魔女キルケによって、部下たちをことごとく

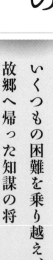

Column　神話の舞台

イタキ島（ギリシア）

ギリシア西部のイオニア海に浮かぶイタキ島は、オデュッセウスの故郷とされる島。小さな島ですが、かつてはミケーネ文明の中心として栄えた歴史をもっています。

オデュッセウス一行をセイレンたちが襲う場面
『ユリシーズとセイレン』ジョン・ウィリアム・ウォーターハウス

動物にされてしまいます。

オデュッセウスは旅の神ヘルメスから薬草をもらい、キルケの魔法を防ぎますが、オデュッセウスとキルケは互いに惹かれあい、1年間、時間をともにすることになりました。

その後、オデュッセウスが船に戻ってからも、歌声で船を難破させる上半身が人間の女、下半身が鳥のセイレンや12本足の海の怪女スキュラなどに邪魔をされ、なかなか帰郷できません。そのうち部下たちは殺され、オデュッセウスはひとりきりになりました。

●故郷で求婚者たちと対決

トロイアを出航してから20年、オデュッセウスは故郷では死んだと思われ、彼の妻ペネロペのもとには多くの求婚者が殺到していました。

ペネロペは夫の帰還を信じ、夫の強弓を引ける者と再婚すると宣言しますが、誰も引くことができません。

それでも最後、みすぼらしい恰好をした男性が弓を軽々と引きます。それがオデュッセウスでした。彼は求婚者たちを退け、妻と再会を果たしました。こうしてオデュッセウスの長い旅は終わったのです。

オデュッセウス・ペネロペ夫妻。ペネロペは夫の帰還を信じて待っていました
『オデュッセウスとペネロペ』フランチェスコ・プリマティッチオ

ゼウス

ゼウスはギリシア神話の最高神です。ティターン神族のクロノスと大地の女神レアとの間に生まれましたが、父のクロノスを倒し、オリュンポス十二神の最高神として君臨しました。

その姿は長い巻き毛の髭をもち、筋骨隆々とした姿で表されます。従えているワシはゼウスの聖鳥で、天を支配する者のシンボルでもあります。

雲や雷、雨などの気象を自在に操ることができ、雷霆（ケラウノス）を武器としています。

ゼウスの宮殿はオリュンポスの中心にそびえ立つ豪壮なもので、その広間では神々がしばしば宴を繰り広げました。それだけではなく、神々と合議の上で、世界で起こる事象を決めてもいました。ゼウスは世界が運命どおりに進行するように取り仕切っていたのです。

その一方、ゼウスは無類の女好きで恐妻家という人間味のある一面ももっていました。

なお、ゼウスはローマ神話に取り入れられると、主神のユピテルと同一視されることになりました。

アテナ

ギリシア神話の女神の代表的存在が、ゼウスの娘のアテナです。戦いの神として知られ、一般的には鎧を身につけて武装した勇ましい姿で描かれます。

父のゼウスは、最初の妻で知恵の女神メティスが生んだ子に王位を奪われることを恐れ、アテナを身ごもったメティスを水滴に変えて呑み込んでしまいました。しかし、アテナはゼウスの体内で成長を続け、ゼウスの頭から黄金の兜と鎧をつけた姿で、雄叫びとともに飛び出してきたのです。

その後、アテナはヘラクレスやペルセウスといった英雄たちの戦いをサポートします。

また、叔父である海の神ポセイドンとアテナイの守護神の座を賭けて争って勝利しました。この伝説にちなみ、アテナイの町の名がつけられたといわれています。

さらに、造船技術や馬のクツワ、機織りやろうそくを発明し、人間に教えるなど、神と人間の橋渡しをつとめたりもしました。

ローマ神話では、ミネルヴァと同一視されています。

アポロン

アポロンは太陽神。ほかに医学、予言、芸術の神と、多くの役割を担っています。弓と竪琴をもち、月桂樹の冠をかぶった美貌の神です。

　アポロンはアルテミスとともに、ゼウスとレトの間に生まれました。レトはその双子を妊娠したとき、ゼウスの正妻ヘラから嫌がらせを受けたため、デロス島に隠れて出産しました。

　やがてアポロンはゼウスから弓と竪琴、黄金の馬車を与えられ、人々に神託をもたらすようになります。ただし、気性の激しい一面もあり、おごり高ぶる人間を殺したり、弓矢を放って疫病を発生させたりもしました。

　また、ゼウスの意思を人間に伝える役割も担っていました。そのため古代ギリシア人は、大事なことを決める際、アポロンの神託を受けることを習わしにしたのです。

アルテミス

ゼウスとレトとの間に生まれた女神、アポロンの双子の妹がアルテミスです。弓矢をもち、足元には鹿か猟犬が従う姿でよく表わされています。

　月の女神セルネとしばしば同一視される一方、山に棲んで狩りをする狩猟の神、森の動物の守護神として崇拝されました。

　また、純潔を尊ぶ処女神でもあり、自分はもちろん、ほかの女性の不貞に対しても厳しい姿勢をとりました。

　たとえば、自分に仕えるニンフがゼウスに妊娠させられたと知ると、アルテミスは激怒し、ニンフを熊に変身させて追放したとも、殺したとも伝えられています。また、裸で水浴びしている姿を見た狩人を鹿に変え、猟犬に殺させたという逸話も伝えられています。

　そんなアルテミスが唯一心を寄せた異性が、海神ポセイドンの息子オリオンでした。

　しかし、アルテミスの貞潔が失われるのを心配したアポロンの奸計にはまり、アルテミスは自らオリオンを射殺してしまったのです。

アプロディテ

アプロディテは美と愛の女神です。英語名はヴィーナスで、多数の画家に描かれてきた絵画『ヴィーナスの誕生』の主人公としても有名です。ウラノスの切りとられた男根の白い泡から生まれ、西風ゼフュロスによって神々の元へ運ばれたとされるエピソードが、同作のモチーフとなっています。

アプロディテはその美しさを神々から絶賛され、「パリスの審判」でアテネ、ヘラと争い、勝利しました。

一方、性愛の神でもあることからわかるように、色恋にも奔放でした。鍛冶の神ヘパイストスという夫がいながら軍神アレスをはじめとした複数の愛人がいたのです。

そしてアドニスをめぐって冥府の女王ペルセポネと争いになると、嫉妬したアレスがアドニスを殺してしまうという事件に発展しています。

アレスとの間にもうけた愛欲の神エロス（キューピッド）は、アプロディテに従う存在となり、絵画に描かれる際には、しばしば一緒に描かれます。

ポセイドン

ポセイドンはクロノスとレアの間に生まれた海の神で、ゼウスの兄にあたります。黄金の海馬に引かせた戦車に乗り、海原を駆けめぐる姿が一般的です。

武器は先が3つに分かれた三叉の矛。これで海をかき混ぜて嵐を起こしたり、鎮めたりと海を操っています。

アテナとアテナイの町を争ったときには、三叉の矛を使って戦いましたが、アテナに完敗。怒ったポセイドンが洪水を起こすと、ゼウスの仲介でスニオン岬にポセイドンの神殿を立てることで和解しました。

このように、ポセイドンは気性が荒く、しばしば大嵐や地震を起こしました。そのため、人々から恐れられる存在でした。

また、ゼウスと同じく女性関係が派手でした。妻は海の女神アンピトリオテで、彼女との間に人魚トリトンと巨人アルビオンをもうけています。しかし、豊穣の神デメテルに求愛し、それを拒まれると、馬に変身して迫りました。結果、2人の間には英雄ヘラクレスが乗った名馬アリオンが生まれています。

ヘルメス

ヘルメスは商業、発明、盗人、旅行者などの神。ゼウスが山の洞窟でひっそりと暮らしていた女神メイアに生ませた息子です。翼のついた帽子や靴を身につけ、蛇がまきついた杖をもつ姿で描かれます。

明け方に生まれたヘルメスは、その日のうちに異母兄アポロンが飼っていた50頭の牛を盗み、盗んだことが発覚すると、「生まれたばかりの私にできるはずがない」と嘘をつき通しました。そして自分で発明した竪琴をアポロンに与え、アポロンから牛をもらって、牧畜の神となったのです。

このとき、ゼウスは嘘つきで泥棒の才能をもつ子どもを求めていたため、「望みどおりの子ができた」と喜び、ヘルメスに神々の伝令役を命じました。それ以降、ヘルメスは伝令役として世界中を駆けめぐる旅の達人となったのです。

ゼウスが怪物ティフォンと戦ったときには、ヘルメスが鍵を盗み出して勝利をもたらすなど、神々を助け、死者も冥界に導きました。

エロス

エロスは愛欲の神で、英語名はキューピッドといいます。キューピッドのように翼の生えた幼児として描かれることが多いです。

エロスは大地の女神ガイアとともにカオスから生まれると、原初の神々を愛で結びつけ、子どもを生ませました。

エロスが恋のキューピッドとされるのは、黄金の矢と鉛の矢をもっているからです。黄金の矢に射られた者は眼前にいる人に一目惚れし、鉛の矢で射られた者は嫌悪感を抱きます。

いたずら好きなエロスは、この矢を使ってさまざまな恋愛騒動を起こし、楽しんでいました。時には黄金と鉛の矢を同時に放つこともありました。

その事例のひとつがアポロンとダフネー。黄金の矢を受けたアポロンは、ダフネーに恋をします。しかし、鉛の矢を受けたダフネーは、アポロンから逃げまわりました。

エロスはまた、美の神アプロディテの子と考えられ、いつもアプロディテに従うようになりました。

ディオニュソス

自然の豊穣と葡萄酒の神ディオニュソスは、ゼウスの子のひとりです。

母のセレメは、ディオニュソスを身ごもっているとき、ゼウスの妻ヘラの悪巧みによりやけ死んでしまいました。そこでゼウスは、妻の腹から胎児のディオニュソスを取り出し、自分の股に縫い込んで命を助けます。ディオニュソスは父の体内で成長し、無事に生まれることができました。

その後、ニンフに育てられたディオニュソスは、ブドウの栽培と葡萄酒の製法を開発し、酒の神となります。しかし、怒りがおさまらないヘラに狂わせられ、各地を放浪。小アジアのフリギュアで女神キュペレに助けられ、「キュペレの祭り」の秘儀を伝授されます。

ディオニュソスはその秘儀を使って酩酊した女性たちが踊り狂う祭りを生み出します。そして生まれ故郷テーバイの女性を狂わせ、敵対する王を殺害させました。

ハデス

ハデスは冥界の神です。クロノスとレアの子で、兄弟のゼウスらとともに父を倒した後、死者の国の冥界を支配することになったのです。

黒髪に黒髭をたくわえ、冷酷な表情をした姿は、人々に恐怖を与えるに十分です。

そんなハデスにも妻がいます。ゼウスの娘ペルセポネです。

ペルセポネに恋をしたハデスは、気持ちを抑えられず、彼女をさらいました。このときペルセポネの母で農業の神のデメテルは激怒し、ゼウスに対して作物を育たなくすると警告します。ゼウスはハデスにペルセポネを返すよう命じますが、ハデスは彼女にザクロの実を食べさせ、冥界から出られなくしました。冥界の食べ物を口にした者は、そこから出られなくなってしまうのです。

そこでゼウスは、ペルセポネが半年は地上で、半年は冥界で過ごすように決めます。この決定にデメテルは悲しみ、娘のいない間、嘆き続けました。その影響により、地上に冬が訪れるようになったと伝わります。

Chapter
2

北欧神話

北の民の精神が息づく
戦いの物語

北欧神話の概観

世界樹ユグドラシルを舞台に、神々が幾多の戦いを繰り広げる

●ゲルマン民族が神話の担い手

北欧神話は、フィンランドを除くスカンディナビア半島やデンマーク、アイスランドなどに伝わる物語です。その担い手となったのは北方のゲルマン民族ですが、彼らは文字をもたなかったため、9世紀以降、『エッダ』と呼ばれる文書にまとめられ、神話として形成されました。

『エッダ』は『古エッダ』と『新エッダ』からなります。『古エッダ』は9～12世紀の古詩をまとめたもので、神話と英雄の物語が中心です。一方、『新エッダ』は13世紀の詩人スノリ・ストゥルルソンが伝承を集めて整理したものです。

この『古エッダ』と『新エッダ』にアイスランドやノルウェーなどの国王や豪族の史伝や物語をまとめた『サーガ』も加わり、独特の神話体系が出来上がりました。

●大樹を中心とする重層的な世界観

北欧神話では、神々と巨人、怪物たちの激しい戦いが展開します。北欧の寒くて厳しい自然環境が影響したのか、あるいは勇ましいヴァイキングに好まれていたからか、悲壮的で戦闘的な特徴があります。

その舞台となるのが、ユグドラシルという世界樹を中心とする世界です。天上、地上、地下の3層からなる宇宙があり、3層を貫く形でユグドラシルが屹立しています。

そして天上には主神のオーディンをはじめとするアース神族が棲むアースガルド、ヴァン神族が棲むヴァナヘイムなど、地上には人間が住むミドガルド、巨人が棲むヨトゥンヘイムなど、地下には死者の国であるヘルヘイムなどが位置しています。

この独特な世界において幾多の戦いが繰り広げられ、ラグナロクと呼ばれる最終戦争へと向かっていき、最後は破滅へと至ります。

神々も不滅ではなく、必ず滅びゆくもの、という終末観が北欧神話の特徴のひとつです。

北欧神話の舞台・ユグドラシル

天上
アースガルド
アース神族が棲む
ヴァナヘイム
ヴァン神族が棲む
アールヴヘイム
エルフ(妖精)が棲む
地上
ミドガルド
人間が住む
ヨトゥンヘイム
巨人が棲む
スヴァルトアルヴヘイム
黒いエルフが棲む
ニザヴェッリル
小人が棲む
地下
ヘルヘイム
死者が棲む
ニヴルヘイム
霧の巨人が棲む
天上、地上、地下の3層をユグドラシルという1本の巨大な樹が貫く形で立っている。各層には、合計9つの世界が存在する
BAXTERS Patent Oil Printing 11 Northampton Square

主神オーディン

巨人を倒して神々の頂点に立った アース神族の王

北欧神話で主神と位置づけられているオーディン
『SÁM 66』より

●オーディンが世界の支配者に

北欧神話の主神はオーディンです。知識に対して貪欲な神で、一般的には片目で髭の長い老人の姿で描かれます。最初から神々の頂点に立っていたわけではなく、巨人に反旗を翻し、その地位を獲得しました。

北欧神話の世界は、もともと天も地もなく、氷と炎、そして両者の間に大きな裂け目があるだけでした。その氷の滴から生まれたのが、原初の巨人神ユミルです。

ユミルは原初の雌牛アウズフムラの乳を飲んで育ち、体の各部位から次々と巨人を生み出します。この巨人たちを霜の巨人といいます。

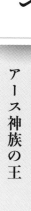

巨人神の死体が世界をつくった

一方、アウズフムラがなめた霜の石（氷）からは、最初の神ブーリが誕生し、ブーリはボルという息子をもうけました。そのボルが巨人の娘を妻として迎えると、オーディン、ヴィリ、ヴェーの3兄弟が生まれたのです。

オーディンら3兄弟が成長すると、当時、世界を支配していたユミルら巨人たちの横暴ぶりに不満をもつようになりました。そして3人で協力して、ユミルを殺害してしまいます。

ユミルの体から流れ出した血は大洪水を巻き起こし、霜の巨人たちはほとんど溺死。こうしてオーディンは、神々の頂点に立ったのです。

その後、オーディンらはユミルの屍肉から大地を、血液で川や海を、骨で山や岩を、歯とあごで石を、髪の毛で草木を、脳で雲を、頭蓋骨で空をつくりました。さらには炎の国からとってきた火花で星や太陽、月もつくり上げました。

次にトネリコの木から人間の男女を生み出し、人間の国ミドガルドに住まわせました。一方、オーディンを長とするアース神族は、神の世界アースガルドに住みました。

●飽くなき知識欲で魔法を習得

世界をつくり上げたオーディンは、魔法の知識を得ようと、世界樹ユグドラシルの根元にあるミミルの泉の水を飲みます。その際、代償として片目を失ってしまったのです。

それでもオーディンの知識欲は衰えません。魔力をもつとされるルーン文字の秘密を探るため、体を犠牲にしたこともありました。ユグドラシルに体を逆さに吊るして槍で突かせ、自分に自分を捧げました。

その甲斐あってオーディンはルーン文字を手に入れ、魔術や予言の神となりました。

3兄弟で協力して巨人神のユミルを殺害する

頭蓋骨▶空
脳▶雲
髪の毛▶草木
歯とあご▶石
骨▶山や岩
血液▶川や海
肉▶大地

ユミルの死体から世界がつくられる

ヴァン戦争

アース神族とヴァン神族が激突！世界で最初の戦争の行方は？

オーディン（左上）らアース神族とヴァン神族が衝突し、ヴァン戦争が繰り広げられます
カール・エレンベルク

●アース神族とヴァン神族

オーディンを長とするアース神族には、ライバルというべきもうひとつの神々の一族がいました。それはヴァン神族です。

ヴァン神族とアース神族はヴァン戦争を繰り広げており、その様子が北欧神話で語られています。

アース神族は世界樹ユグドラシルの上層部にあるアースガルドに棲んでいました。そこで神々は豪華な首飾りや指輪などを身に着け、華やかで幸福な生活を送っていました。

一方、ヴァン神族はユグドラシルに内包されたヴァナヘイムという世界に棲んでいました。

ヴァン神族についての伝承は少なく、詳細はわかりません。ただしアース神族より古い世代の神々で、平和的な神であったという説もあります。好戦的なアース神族とは対照的な神々といえるでしょうか。

●女神が争いの契機に

そんなアース神族とヴァン神族の争いのきっかけとなったのは、グルヴェイグという女神でした。

あるとき、アース神族が平和に暮らしていたアースガルドに、グルヴェイグがやってきます。彼女は邪悪な心のもち主で、魔術の使い手でもありました。

グルヴェイグはアース神族の女性神に淫らな快楽を与え、男性神には貪欲で邪な心を植えつけました。それによって神々の心はすさんでいき、アースガルドの幸せな日々は失われてし

ヴァン戦争の対立構図

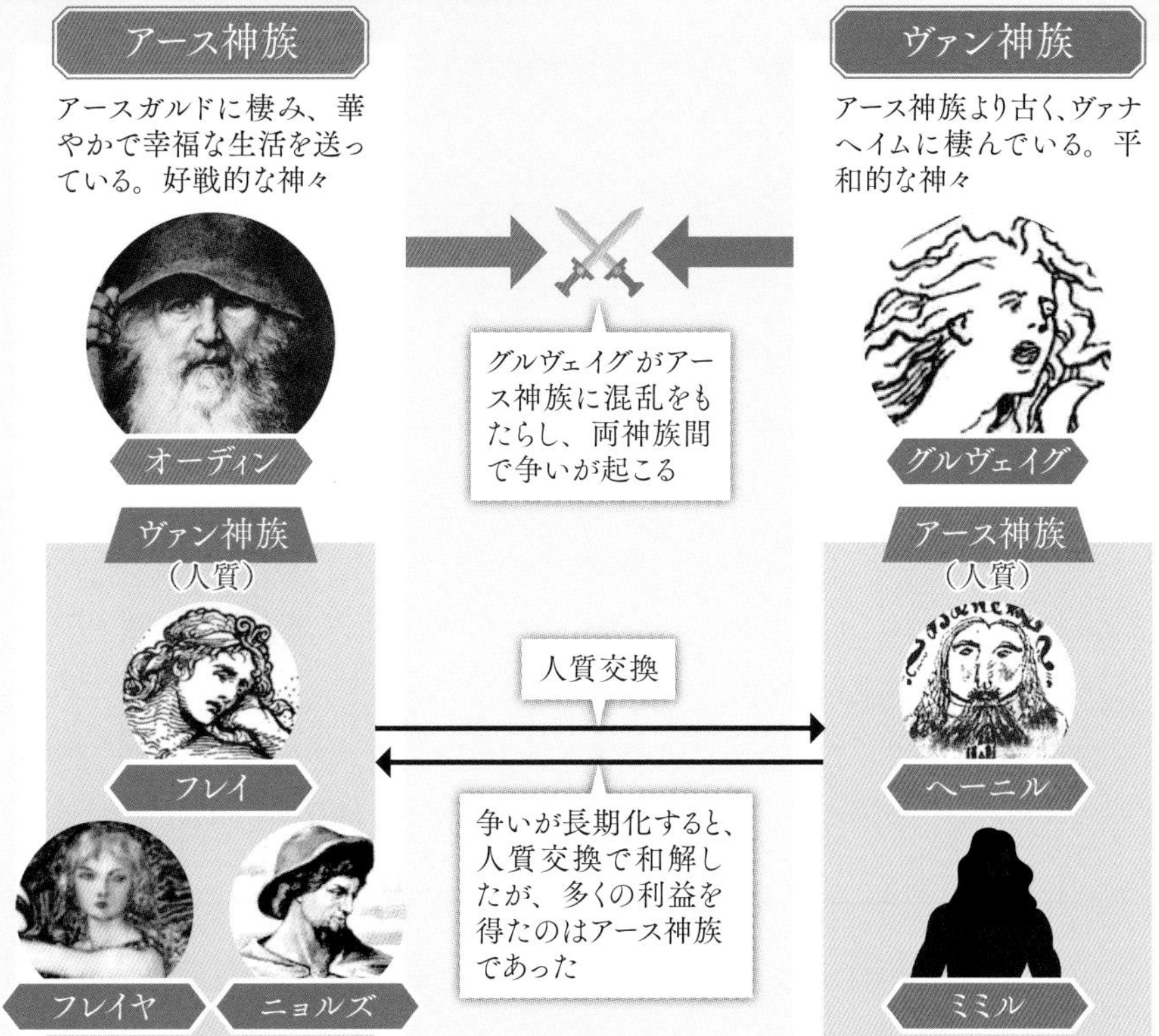

アース神族
アースガルドに棲み、華やかで幸福な生活を送っている。好戦的な神々
ヴァン神族
アース神族より古く、ヴァナヘイムに棲んでいる。平和的な神々
オーディン
グルヴェイグ
グルヴェイグがアース神族に混乱をもたらし、両神族間で争いが起こる
ヴァン神族（人質）
アース神族（人質）
人質交換
フレイ
ヘーニル
フレイヤ
ニョルズ
ミミル
争いが長期化すると、人質交換で和解したが、多くの利益を得たのはアース神族であった

アース神族に焼き殺されるグルヴェイグ
ロレンツ・フロリッヒ

まったのです。

そこでアース神族は、グルヴェイグを捕えて槍で突きさし、焼き殺そうとします。ところが、彼女の魔力は相当なもので、3度焼かれても3度とも復活したのでした。一説によると、最終的に死体を焼き尽くすことはできたものの、心臓だけは残ったそうです。

そうしたなか、グルヴェイグがヴァン神族の者だと判明。正体を知ったアース神族は激怒してヴァン神族を攻めたとも、彼女に対する仕打ちに憤ったヴァン神族が攻めてきたともいわれます。

いずれにせよ、アース神族とヴァン神族の衝突は避けられないものとなったのです。

●世界で最初の戦争がはじまる

アース神族の主神オーディンがヴァン神族に槍を投げつけ、戦いの幕が切って落とされました。北欧神話では世界で最初の戦争とされるヴァン戦争の勃発です。

好戦的なアース神族が武力で押し切ろうとすると、ヴァン神族は魔法を使った戦いで対抗し、アースガルドの城壁の一部を打ち壊します。戦局はヴァン神族のやや優勢に進みましたが、アース神族も一歩も引かず、争いは長期化しました。

やがて両神族とも疲れきった頃、和平への道が模索され、人質を交換することで和解しました。

●人質交換の意外な顚末

人質交換では、アース神族からオーディンの兄弟のヘーニルと知恵者の巨人ミミルが差し出されました。一方、ヴァン神族からは最高位のニョルズ、

ヴァン神族に向かって槍を投げようとするオーディン。この一投により、ヴァン戦争がはじまりました

ロレンツ・フロリッヒ

その息子のフレイと娘のフレイヤ、そして賢神クヴァシルが送られます。

アース神族はヴァン神族の4人の人質を歓迎し、彼らからヴァン神族が使う魔術を習います。ヴァン神族も最初は2人の人質を歓迎しましたが、ヘーニルは見かけがいいだけの役立たずと気づきました。

自分たちは最高位の神を送ったにもかかわらず、代わりに送られてきたのは役立たずの神。ヴァン神族は「だまされた！」と怒り、報復としてミミルの首を切り落とし、アース神族に送りつけたのです。

ミミルの首を受けとったオーディンは、稀代の知恵者の首をそのままにしておくのはもったいないと考え、魔法を使って会話できるようにし、知恵の泉の番人として再生させました。

この泉こそ、オーディンが片目を捧げてまで魔法を得たがった、ユグドラシルの根元にあるミミルの泉です。

●駆け引きに勝ったアース神族

アース神族とヴァン神族によるヴァン戦争は、表向きは引き分けで終わりました。しかし、人質交換の駆け引きで一枚上手だったのは、アース神族であったといえるでしょう。

アース神族は、相手方の最高位の神を得たうえ、知恵者のミミルをとり戻し、役立たずのヘーニルを厄介払いできたのですから、実利の大きさは明らかです。北欧神話の神々は頻繁に相手をだましますが、最初の戦いからすでにいかさまを使っていたのです。

人質交換後、アース神族とヴァン神族は再び戦うことはありませんでした。そしてヴァン神族は、これを契機にヴァナヘイムに引きこもったと伝えられ、神話にほとんど登場しなくなってしまいます。

悪神ロキ

世界を大きく揺るがした巨人族のトリックスター

善と悪両方の顔をもつトリックスター、ロキ
ヨン・バウエル

●北欧神話最大のトリックスター

神話にはトリックスターが不可欠です。トリック（詐術）やその身体能力で秩序を破壊し、物語を引っかきまわすいたずら者です。北欧神話の最大のトリックスターといえば、ロキをおいてほかにいません。

ロキは巨人族でありながらオーディンと義兄弟の契りを結び、アースガルドで神々と一緒に棲んでいた過去をもっています。

変身がうまく、男にも女にもなることができます。性格はずる賢く、だますのが得意。小人をだましてさまざまな武器を手に入れ、神々に与えたこともあります。

困るのは気まぐれなところで、神々に災いをもたらすことも少なくありません。

たとえば、巨人族の侵攻を防ぐため、アースガルドに城壁を建造していたときのことです。石工が「期日までに完成させる代わりに、女神フレイヤと太陽と月が欲しい」と要求してきました。ロキは実現不可能と高をくくり、その要求に応えるように神々を誘導します。すると石工は、すさまじい速さで建てていきました。神々から責められたロキは、石工の馬の働きを妨害して工期を遅らせたため、フレイヤなどを奪われずにすんだのです。

また、ロキは無意味な悪意から光明神バルドルを殺害してしまったこともあります。

●ロキとトールは名コンビ

魔法の鉄槌ミョルニルを手で巨人に挑むトール
『トールと巨人の戦い』モルテン・エスキル・ヴィンゲ

そのロキと名コンビであったのが、アース神族最強の戦士といわれる雷神トールです。ロキとトールは仲がよく、一緒にさまざまな冒険を繰り広げました。

トールのいちばんの武器は、投げると手元に戻ってくる魔法の鉄槌ミョルニルです。ロキと喧嘩して仲直りする際にもらったものです。

あるとき、そのミョルニルを霜の巨人のスリュムに盗まれてしまいます。スリュムは女神フレイヤと結婚させればミョルニルを返してやると交換条件を提示してきました。

しかし、フレイヤは巨人の妻になることを断固拒否。どうしたものかと悩んでいると、ロキがなりすまし作戦を考案します。トールに花嫁衣裳を着せてフレイヤに見せかけ、スリュムのもとに向かわせたのです。

偽フレイヤを信用したスリュムは、ミョルニルを宴の席にもってきました。その瞬間、トールは花嫁衣裳を脱ぎ捨てミョルニルを奪うと、周囲の巨人たちをすべて撲殺。こうしてトールは親友ロキの協力を得て、大切な武器をとり戻したのです。

シグルズの竜退治

魔剣グラムで竜と死闘を繰り広げた北欧神話最強の英雄

戦士の王といわれるシグルズが巨大な竜に挑みます
『ジークフリートと神々の黄昏』アーサー・ラッカム

●竜の血で不老不死に

シグルズは、竜退治で人気の英雄です。ドイツ語では「ジークフリート」と呼ばれ、ゲームやアニメのキャラクターとしておなじみですが、シグルズがモデルになっています。

最高神オーディンの血を引くシグルズはヒャルプレク王のもとで育てられ、鍛冶師レギンから魔剣グラムを与えられました。そしてあるとき、レギンから竜退治を命じられます。

シグルズは森に出向き、グラムで竜の心臓を貫いて殺しました。竜の体から飛び散る血を浴び、不死身になったとも伝えられています。

竜の正体は、レギンの兄ファーヴニ

ルでした。ファーヴニルは竜となって黄金を生み出す魔法の指輪アンドヴァラナウトを守っていたのです。レギンはそのことを知っており、黄金を独占するため、シグルズを竜退治に差し向けたのでした。

レギンは、用済みとなったシグルズも殺そうとしますが、シグルズはレギンの首をはねて討ち果たします。そしてアンドヴァラナウトを指にはめて旅に出たのです。

●すべては指輪の呪いだった!?

旅の途中、シグルズはヴァルキューレのブリュンヒルドと恋に落ち、将来を誓い合います。ところが、シグルズは人間の王女グズルーンから求婚され、申し出を断ると忘れ薬を飲まされてしまうのです。

忘れ薬を飲んだシグルズは、ブリュンヒルドを忘れ、グズルーンと結婚。さらにグズルーンの兄とブリュンヒルドを結婚させようとします。シグルズに悪気はなかったのですが、グリュンヒルドは絶望のあまり（あるいはグズルーンとの口論のすえに）、シグルズを殺し、自らも炎のなかに身を投げて死んでしまったのです。

実は一連の出来事はアンドヴァラナウトの呪いでした。もともとこの指輪はロキが小人から奪ったもので、小人によって「指輪をはめた者は破滅する」という呪いがかけられていました。

それ以来、アンドヴァラナウトを手にした者たちは次々と不幸に陥りました。最初に指輪を受けとった魔法使いのフレイドマルは、息子のファーヴニルに殺され、次のファーヴニルは、弟レギンに命を狙われました。そしてシグルズは愛したグリュンヒルドに殺され……呪いは続いていたのです。

愛し合うシグルズとブリュンヒルド。しかしこの後、２人の仲は引き裂かれてしまいました
『ニーベルングの指輪』アーサー・ラッカム

北欧
神話

フレイヤの放蕩

欲望のままに生きたヴァルキュリャの美しき女神

フレイヤ（中央）は北欧神話を代表する女神です
『フレイヤに首飾りを返すヘイムダル』ニルス・ブロメール

●ブリーシンガルの首飾り

北欧神話の女神といえば、豊穣と愛の女神フレイヤが有名です。

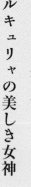

フレイヤはヴァン神族の最高神ニョルズの娘ですが、父や兄とともにヴァン戦争の人質交換でアース神族に属することになりました。神々のなかで最も美しいとされる容姿と豊満な肉体をもち、「妻にしたい、愛人にしたい」と男たちからの求愛が絶えなかったそうです。ただし、フレイヤ自身も性愛に奔放でふしだらでした。

夫のオーズが失踪したとき、フレイヤが流した涙が黄金になったという一途なエピソードはありますが、兄のフレイや父と愛し合ったり、オーディンの愛人になったりと、放縦な逸話は枚挙にいとまがありません。とくにインパクトの大きなものが次のエピソードです。

あるとき、フレイヤは醜いドワーフ（小人）たちがつくっていた黄金の首飾りを目にし、それがどうしても欲しくなりました。そこでドワーフたちから「あなたが欲しい」といわれると、あっさり受け入れ、4人ひとりずつと一夜をともにして手に入れたのです。

フレイヤには性に奔放な一面がありました
『フレイヤ』ヨン・バウエル

その首飾りはブリーシンガルの首飾りと呼ばれています。

また、フレイヤは魔術に長けており、セイズという性的なエクスタシーをもたらす魔術を得意としていました。美貌とその術で男たちを虜にしたのでしょう。

●ヴァルキュリャとしての側面も

とはいえ、フレイヤは愛にひたってばかりいたわけではありません。勇敢な戦いの女神でもありました。

実はフレイヤは、2匹の巨大な猫にひかせた車で戦場に出かけ、死んだ戦士の魂を集めてまわるヴァルキュリャという軍団の長だったのです。

集めた魂の半分はオーディンに渡し、残りの半分は自分の館にもち帰っていました。そして世界が滅亡する前、最後の戦いとなるラグナロクでは、その戦士たちとともに戦ったのです。

2匹の巨大な猫にひかせた車で移動するフレイヤ。実はヴァルキュリャの長でもあり、最終戦争ラグナロクでは戦場に出て戦いました
『夫を探すフレイヤ』ニルス・ブロメール

バルドルの死

世界の破滅がはじまる……
ロキに追い詰められた光の神

オーディンの子バルドル。この光の神の死が破局への序曲となります
『魔法の国』アーサー・ラッカム

●破滅が近づいてきた

ヴァン戦争後しばらくは、アースガルドで平和な日々が続きました。しかし、次第に不穏な空気が立ち込め、世界の破滅のときが近づいてきます。破滅への第一歩となったのは、光の神バルドルの死です。

バルドルは最高神オーディンと愛と豊穣の女神フリッグの子。光り輝く美しい神で、賢く純粋無垢な性格も含め、誰からも愛されていました。

あるときバルドルは、自分が命を落とす夢を見ます。不吉な夢の話を聞いて、息子を失うかもしれないと心配した母のフリッグは、9つの世界をまわり、あらゆる命ある者たちに、「バル

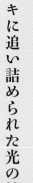

ドルを傷つけない」と約束させます。結果、バルドルは不死身の存在となりました。

喜んだ神々は、本当に不死身かどうか、バルドルに武器をぶつけて確かめようとします。なんと、弓の的にまでされたのです。その様子を、遠くから見ている神がいました。トリックスターのロキです。

ロキはバルドルが不死身になったことが面白くありません。そこで何か弱点はないかと老婆に扮してフリッグに接近します。フリッグもまさか老婆が

弓の的にされるバルドル　『巨人たちの日々』エルマー・ボイド・スミス

ロキとは思わず、「ヤドリギは若いから危険はないと考えて約束しなかった」と漏らしてしまいました。
バルドルの秘密を知ったロキは、恐ろしい悪巧みを考えます。バルドルの異母弟で盲目のヘズに、先を削ったヤドリギを手渡し、バルドルに投げるようにそそのかしたのです。
言われた通りにヘズが投げると、ヤドリギはバルドルの身体を貫通。兄は弟に殺されてしまったのです。

●ただひとり泣かない老婆

バルドルの死に納得できない母のフリッグは、冥界の女王ヘルに息子の復活を願いました。するとヘルは「すべての神々がバルドルを愛し、涙を流すなら再生させましょう」と述べました。

バルドルの復活を願う神々は次々と落涙。まもなく生き返るだろうと思えました。しかし、ただひとり泣かない老婆がいました。その老婆の正体は誰あろう、ロキでした。

結局、バルドルは復活できずに終わります。そして、この光の神の死が最終戦争ラグナロクへの決定打となりました。世界は光を失って天変地異が続き、冬に覆われ、ラグナロクへと突入していくのです。

なお、バルドルを死に追いやったロキはその後、宴席で神々の恥辱をいい立てたため、罰として地下世界に閉じ込められることになりました。

地下世界に閉じ込められたロキ
『ロキとシギュン』クリストファー・エカスベルグ

ラグナロク

すべての生命が滅びゆく神々と巨人族の最終戦争

最終戦争ラグナロクで巨蛇ヨルムンガンドと戦うトール
『トールとヨルムンガンド』エミール・ドプラー

●運命は避けられない！

光の神バルドルがロキの悪意によって死を迎えて以来、世界は破滅のときに向かい、加速度的に突き進んでいきました。北欧神話では、最終戦争ラグナロクと世界の滅亡が避けられないこととして運命づけられているのです。

最高神オーディンは、予言によってラグナロクの到来を知っていました。そこでヴァルキュリャたちに戦場で死んだ勇敢な戦士たちの魂を集めさせ、居城のヴァルハラで訓練を積ませていました。

それでも破滅の到来を止めることはできず、さまざまな予兆が現れはじめます。

●破滅への予兆

まず光の神バルドルが死んだことにより、太陽の光が弱まって長い冬が到来。暗黒の冬は3年も続き、大地は雪と霜で覆われました。そして人間の世界に悪と暴力がはびこり、殺戮《さつりく》の嵐が吹き荒れました。

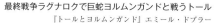

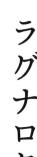

次に太陽と月が消え、天から星が落下。大地は揺れ、山は割れ、天変地異が起こります。

やがてバルドル殺しの罪で地下世界に閉じ込められていたロキの呪縛が解けると、それを合図に巨狼フェンリル、巨蛇ヨルムンガンド、冥界の女王ヘルという魔物の3兄妹が出現しました。ロキは死者の爪でできたナグルファルという巨大な船に乗り、巨人族を率いて海から現れ、フェンリルは神々への憎しみを募らせて口から炎を吐きながら突進。海底からはヨルムンガンドが陸地を目指して浮かび上がり、ヘルの冥界からは死者たちがあふれ出ます。

さらに、この混乱に乗じて神々の宿敵である霜の巨人たちと、炎の巨人スルトも立ち上がりました。

こうして多数の巨人と魔物がアースガルドに攻め込んできたのです。

一方、オーディン率いる神々とヴァルハラ宮殿で訓練を続けていた死せる戦士たち（エインヘリャル）の魂は、ヴィグリーズの平原に集結し、巨人族を迎え撃とうとします。

神々と巨人族が激突する最終戦争ラグナロクが、いよいよはじまります。そのただならぬ事態に、見張り番のヘイムダルは角笛を高らかに吹き鳴らし、一大決戦の幕開けを伝えました。

●神々と巨人族の壮絶な一騎打ち

先陣を切ったのはオーディンです。黄金の兜をかぶってグングニルの槍を手にしたこの主神は、スレイプニルの馬に乗り、フェンリルを目がけて突撃しました。

これに対し、フェンリルが大きな口を開けてオーディンを呑み込むと、オーディンの息子ヴィーザルがその喉を切り裂きました。

一方、トールは巨蛇ヨルムンガンドと一騎打ちを繰り広げます。絞め殺そうとかかってきた巨蛇の頭を、ミョルニルで打ち砕いて殺しました。しかし、ヨルムンガンドが吐いた毒により、トールも絶命してしまいます。

ヘイムダルは宿敵ロキとの一騎打ちに挑み、激しい戦いのすえ、相打ちとなって息絶えます。

そして最後、屍《しかばね》が積み重なる戦場に立った炎の巨人スルトは、炎の剣で豊

オーディンの居城ヴァルハラに戦士たちの魂が集められ、ラグナロクに備えて訓練が行われていました

『ヴァルハラ』エミール・ドプラー

神々と巨人族の戦い

神々

巨人族

負

オーディン

ヴィーザル 勝

グングニルの槍をもって突撃するオーディンを、フェンリルが呑み込む。しかし、息子のヴィーザルが喉を切り裂いて殺す

勝

負 フェンリル

分

トール

トールがミョルニルでヨルムンガンドの頭を打ち砕いたが、毒を吐かれて相打ちに

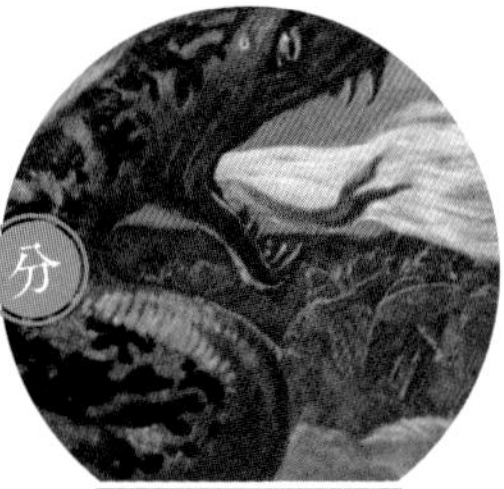

分

ヨルムンガンド

負

フレイ

スルトが炎の剣でフレイを斬り殺す。剣の炎でユグドラシルが炎上する

勝

スルト

分

ヘイムダル

ヘイムダルはロキの奇襲を受けるも相打ちにもち込む

分

ロキ

穣神フレイを斬殺。その剣を投げ飛ばすと、火が大地に燃え広がり、世界樹ユグドラシルも炎に包まれてしまいました。

その結果、9つの世界はすべて海に沈み、神、巨人、人間、妖精などほとんどが焼き尽くされます。こうして予言どおり、世界は滅亡することになったのです。

オーディンは巨狼フェンリルと戦い、大きな口に呑み込まれてしまいますが、息子のヴィーザルに助けられます
『オーディンとフェンリル』ドロシー・ハーディー

●滅亡の後に残ったものとは？

しかし、それですべてが終わりではありません。海から新しい大地が浮かんできたのです。

その大地には緑があふれ、希望に満ちていました。しかも、オーディンの息子ヴィーザルとヴァーリが生き残っているうえ、トールの息子など次世代の神々もいます。

さらなる奇跡も起こりました。なんと光明神バルドルとその弟ヘズが冥界から戻ってきたのです。光明神が復活したことにより、世界は光を取り戻し、再生が進みました。

一方、人間も新たな歴史をはじめようとしていました。

実はラグナロクの際、森に隠れて助かった一組の男女がいました。彼らはリーヴとリーヴスラシルといい、子孫をもうけて、新しい人類の祖となりました。

神々が中心の時代から、人間が中心の時代へ――。神々の黄昏《たそがれ》ともいわれる最終戦争ラグナロクは、次の時代への転換点となったのです。

オーディン

オーディンは北欧神話の主神です。最初の神ブーリの息子ボルと女巨人ベストラとの間に、長男として生まれました。

つばの広い帽子をかぶり、フギン（思考）とムニン（記憶）と呼ばれる2羽のカラスを従えた姿で描かれることが多いです。

2人の弟とともに巨人ユミルを倒して世界をつくったほか、片目を捧げて知恵の泉ミミルの水を飲み、魔術の知識を得たり、自らの体を吊るす苦行に耐え、ルーン文字を手に入れるなど、数多くのエピソードを残しています。

そしてオーディン自らが属するアース神族と巨人族が戦い、世界とともに滅ぼされることを予言すると、その運命を素直に受け入れ、戦いの準備を進めました。

さらには自らの最期について、最終戦争ラグナロクでロキの息子である巨狼フェンリルに呑み込まれて命を落とすと予言。その予言どおり、オーディンは戦場で命を落としました。

ロキ

ロキはオーディンらが属するアース神族ではなく、アース神族と敵対する巨人族の出身です。しかし、オーディンの義兄弟となって、神々の世界で暮らしていました。

ロキは両性具有でしたが子どもが多く、巨人族の女との間に巨狼フェンリル、巨蛇ヨルムンガンド、冥界の女王ヘルなどをもうけました。最終戦争ラグナロクで登場する者たちです。

変身能力に長けており、美しい外見をしています。その一方、性格はずる賢く、悪知恵が働き、相手をだますのが得意。いたずらや悪行を繰り返します。いわばトラブルメーカーですが、ときには神々に恩恵をもたらします。すなわち、善と悪両方の顔をもっているのです。

そして世界の崩壊を招くきっかけをつくったのがロキでした。オーディンの息子で光の神バルドルを虚栄心から殺害してしまい、そのことがラグナロクの引き金になったのです。ラグナロクにおいて、ロキは子どもたちとともに戦い、ヘイムダルとの相打ちで絶命しました。

トール

北欧神話で最強といわれているのが雷神トールです。

巨人族のように大きく、強靭な肉体を誇ります。顔は赤い髭で覆われ、瞳は雷のように輝き、額には火打石がめり込んでいます。その顔を見ると、誰もが震え上がりました。

最強といわれる神だけに、トールはしばしば巨人族との戦いに出かけて激闘を繰り広げ、幾多の武勇伝を残しました。

武器はミョルニルという鉄槌。投げると必ず敵に命中し、自分のところに戻ってくるばかりか、浄化する力や復活させる力をもつ魔法の鉄槌です。

最終戦争ラグナロクでも、トールはミョルニルで巨蛇ヨルムンガンドの頭を叩き潰します。しかしながら、トールは毒液を浴びて死んでしまいました。

また、トールはロキと仲がよかったことでも知られています。ミョルニルをトールに贈ったのもロキでした。

ヴァルキュリャ

ヴァルキュリャはオーディンの命で戦場を駆けめぐる美しくも勇ましい女戦士の集団です。その出自はさまざまで、アース神族がいれば巨人族もおり、なかには人間もいたと伝えられています。

白鳥の羽衣と戦装束をまとい、空を飛ぶ馬に乗って移動するのですが、「死者を選ぶ者」という名前のとおり、戦場に出ている戦士たちの生死を決め、戦死した勇士の魂をもち帰る役目を担っていました。

戦士の運命は、人間の頭蓋骨をおもりとする織り機を使って決めていました。人間の腸をより合わせた糸でつくった織物を引き裂き、戦いの勝敗を決めたそうです。

また、最終戦争ラグナロクに備えて、オーディンの居城があるヴァルハラで訓練を積む戦士たちをもてなしてもいました。

ヴァルキュリャたちは、その麗しい外見と裏腹に、血なまぐさい仕事を粛々とこなしていたのです。

シグルズ

シグルズは中世ドイツの叙事詩『ニーベルンゲンの歌』の前半部の主人公であり、ゲルマン民族の英雄です。ドイツ語では「ジークフリート」と呼ばれていますが、アイスランドの『エッダ』では「シグルズ」としています。

父シグムンドは、シグルズのほかにヘルギ、シンフィヨトリという兄弟をもうけました。3人とも知力、体力に優れていましたが、最も優れていたのはシグルズでした。

母がヒアールブレク国の王と再婚すると、シグルズは鍛冶師レギンに世話をされ、魔術などを教わりながら成長していきます。やがて気高い戦士の王となりました。

しかし、レギンの奸計により兄である竜のファーヴニルを殺してしまったうえ、自らの命までレギンに狙われることになります。そこでシグルズはレギンを逆に討ち果たし、旅に出たのです。

この英雄譚が『ニーベルンゲンの歌』として、現代まで伝えられています。

ヘイムダル

ヘイムダルは、巨人族の侵入を監視する見張り番です。神々が棲んでいるアースガルドとほかの世界との境に棲んでいるため、「虹の橋の番人」とも呼ばれました。

母は海神エーギルの9人姉妹。鳥よりも眠る時間が短く、100マイル先まで見える視力や、羊の毛が伸びる音まで聞くことができる聴力をもっています。片耳がないのは、超人的な聴力を手に入れるために捧げたからともいわれています。

ヘイムダルは角笛をもった姿で描かれることが多いです。その角笛は、世界の隅々に音が響く黄金のギャラルホルン。最終戦争ラグナロクがはじまるとき、ヘイムダルはギャラルホルンを高らかに鳴らし、神々を集めたのです。そしてラグナロクがはじまると、ヘイムダルはロキとの一騎打ちに挑み、ともに倒れるまで戦い続けました。

なお、ヘイムダルが3人の女性との間にもうけた息子たちが、それぞれ貴族、農民、奴隷という階級の祖となったともいわれています。

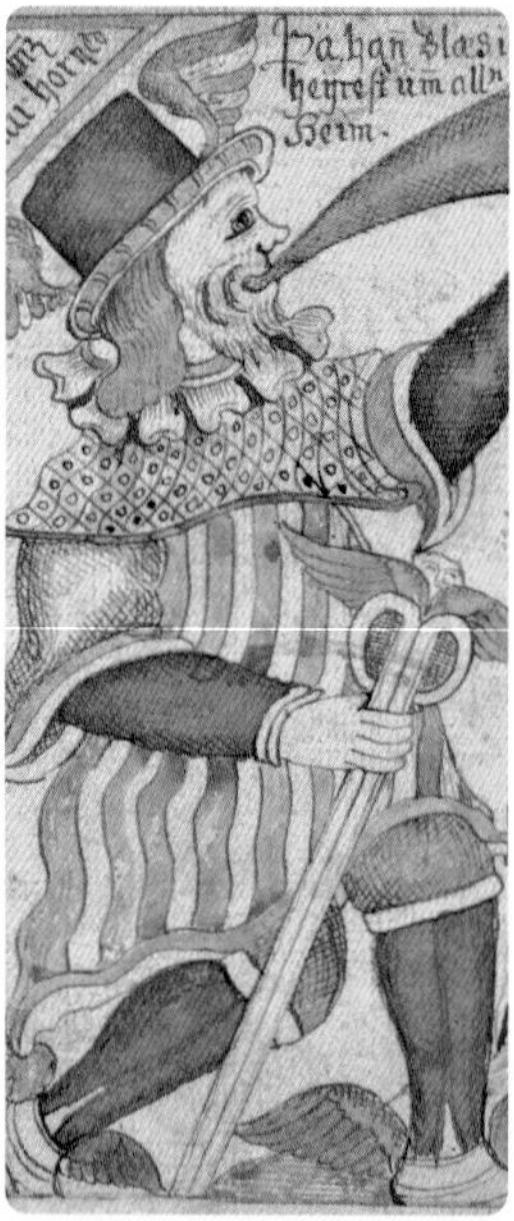

Chapter
3

ケルト神話

ケルト人が語り継いできた
ファンタジーの原風景

ケルト神話の概観

ファンタジーに満ちあふれた神々と騎士団の英雄物語

●『指輪物語』の世界観に近い

ケルト神話の担い手であるケルト人は、かつてヨーロッパ各地に居住していました。「大陸のケルト」と呼ばれる人々です。

やがて彼らの一部は、ブリテン島やアイルランド島に渡っていき、のちに「島のケルト」と呼ばれるようになりました。彼ら「島のケルト」が伝えてきたのがケルト神話です。

ケルト神話は、ほかのどれよりファンタジーの要素を有する神話といえるでしょう。

華やかな武具をつけたロマンチストな騎士、不思議な魔法を使うドルイド、背中に羽をつけた愛らしい妖精、奇妙奇天烈な小人など、ユニークなキャラクターが登場し、幻想的な世界で戦ったり、遊んだりします。

創造神話はありません。主神がおらず、神々も絶対的な力をもっているわけではありませんが、それが人間味を増しています。人気小説『指輪物語』の世界に極めて近い雰囲気を醸し出している神話なのです。

●5つの物語群

ケルト神話は、大きく5つの物語群に分けることができます。

「ダーナ伝承群」は、ダーナ神族の戦いを主に描いています。

「アルスター伝承群」はダーナ神族の後の時代のアルスター王国の物語で、神の血を引く英雄クー・フリンが戦いを繰り広げます。

「フィン伝承群」はクー・フリンから約300年後、アイルランドを守るフィアナ騎士団のフィン・マックールの活躍を描いています。

「マビノギオン」はウェールズ各地に伝わる妖精物語の集成です。

そして「アーサー王伝説」は5~6世紀にブリテン島を統一したとされるアーサー王の物語です。ランスロットやトリスタンといった円卓の騎士を率いて戦い、最後は身内の裏切りにあって命を落としたアーサー王。その勇壮な物語が生き生きと描かれています。

ケルト人とは誰か？

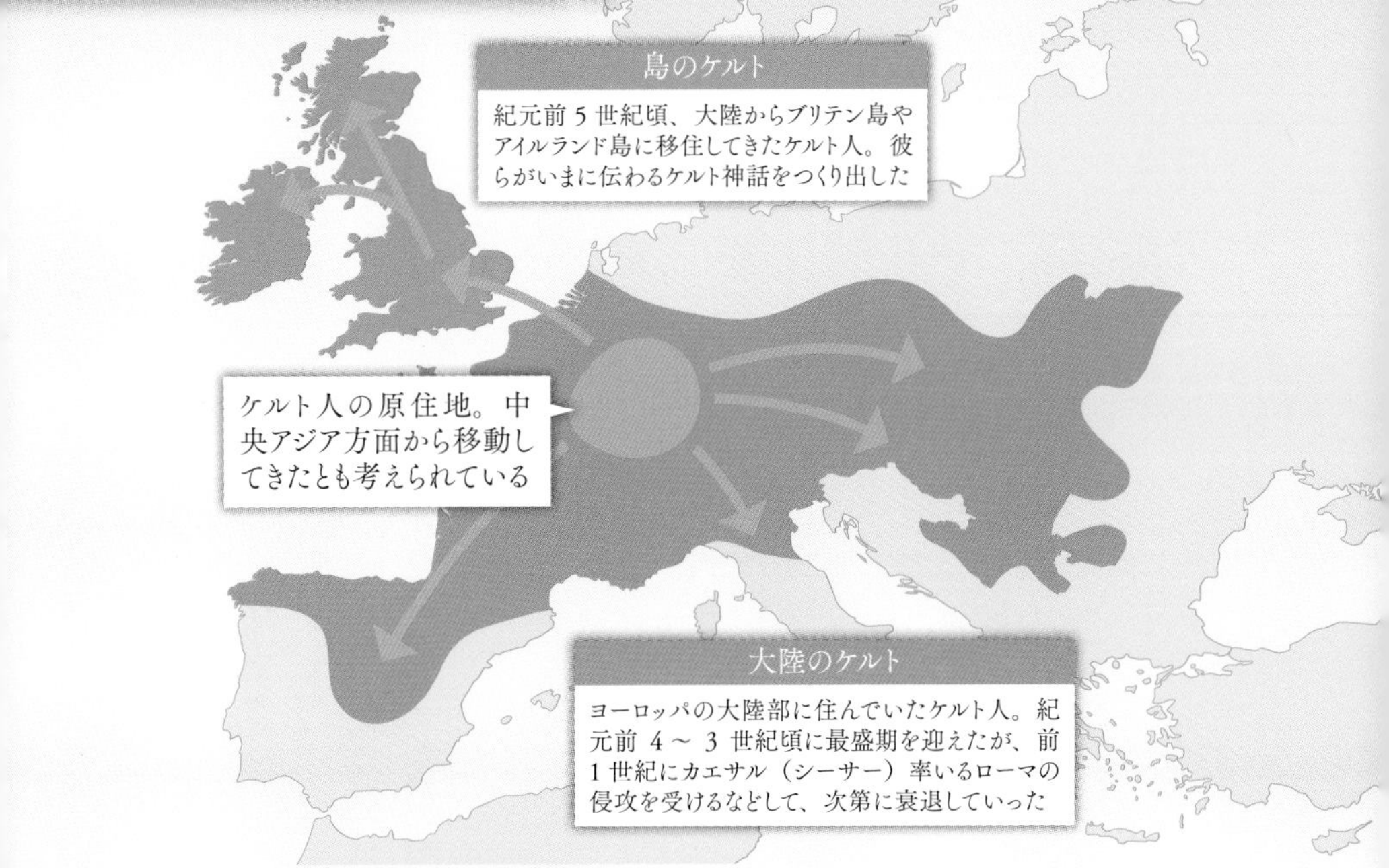
島のケルト
紀元前5世紀頃、大陸からブリテン島やアイルランド島に移住してきたケルト人。彼らがいまに伝わるケルト神話をつくり出した
ケルト人の原住地。中央アジア方面から移動してきたとも考えられている
大陸のケルト
ヨーロッパの大陸部に住んでいたケルト人。紀元前 4 ～ 3 世紀頃に最盛期を迎えたが、前1世紀にカエサル（シーサー）率いるローマの侵攻を受けるなどして、次第に衰退していった

ケルト神話の物語群

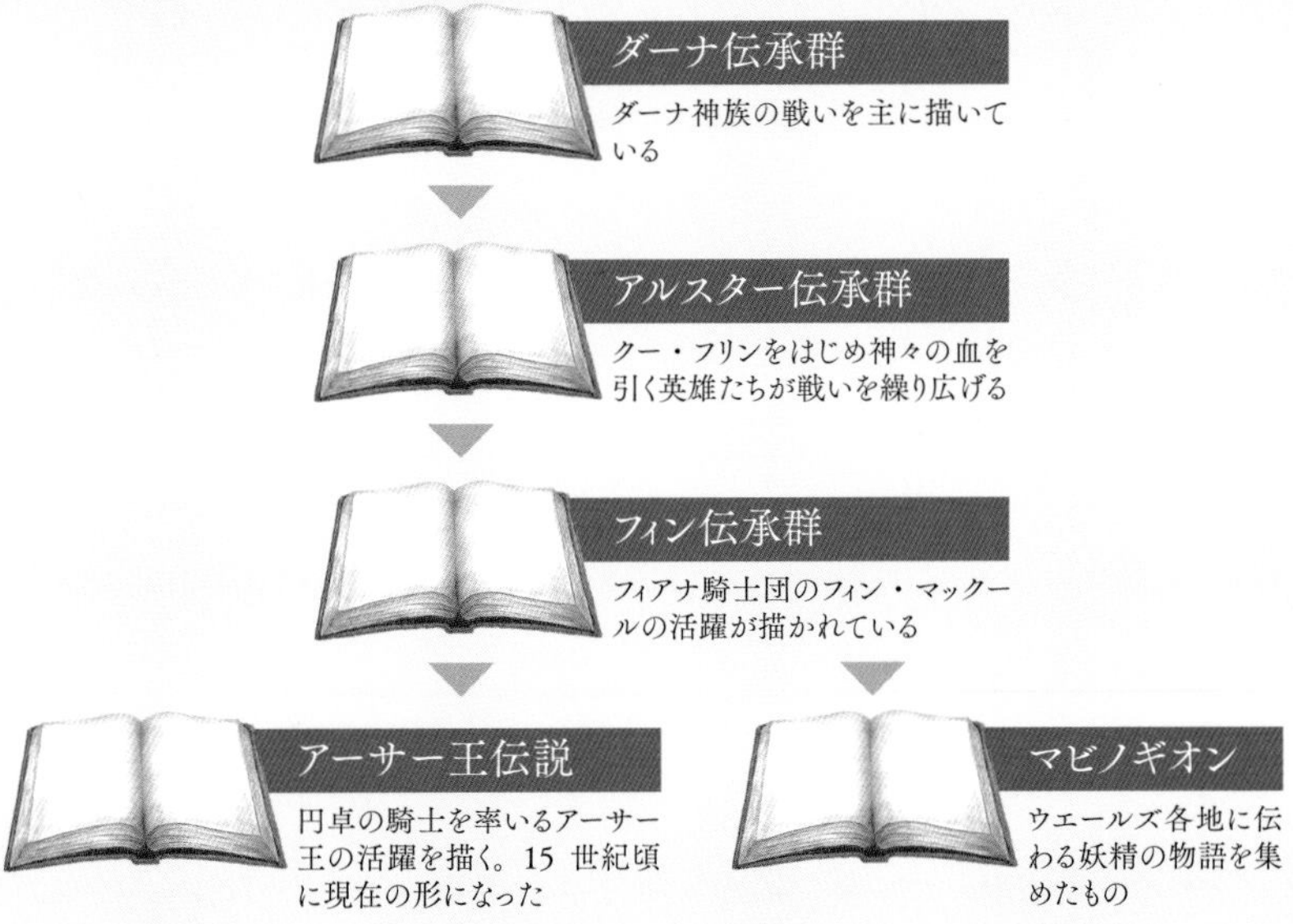
ダーナ伝承群
ダーナ神族の戦いを主に描いている
アルスター伝承群
クー・フリンをはじめ神々の血を引く英雄たちが戦いを繰り広げる
フィン伝承群
フィアナ騎士団のフィン・マックールの活躍が描かれている
アーサー王伝説
円卓の騎士を率いるアーサー王の活躍を描く。15 世紀頃に現在の形になった
マビノギオン
ウエールズ各地に伝わる妖精の物語を集めたもの

デアドラの恋

駆け落ちするも報われず
運命に翻弄された悲劇のヒロイン

コノール王の求愛を拒み、ノイシュと運命をともにしたデアドラ
『A book of myths』ヘレン・ストラットン

●災いと死をもたらす美女

ケルト神話のアルスター伝承群のなかに、デアドラという美女の悲しい恋の物語があります。

紀元1世紀前後、アイルランド北東部で栄えたアルスター王国のコノール王の時代、フェリミという語り部がいて、娘をもうけました。その娘は生まれるとすぐ、祭司のドルイドから「美女になるが、災いと死をもたらす」と予言されたことから、「危険」を意味するデアドラと名づけられました。

不吉な予言を受け、デアドラはアルスターの騎士たちに殺されかけますが、コノール王が「成長したら自分の妻にする」といって引きとり、砦に隔離し

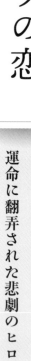

て育てることにします。

●走る馬車から身を投げて……

やがて美しい女性になったデアドラ。コノール王は宣言どおり、彼女に求婚しました。しかし、デアドラのほうは歳の離れた王の妻になる気はありません。実は、それ以前に赤枝騎士団のノイシュを誘惑して恋仲になっていたのです。

デアドラとノイシュは、ノイシュの兄弟とともに嵐の海を渡り、スコットランドへ逃亡します。怒ったコノール王はアルスターの騎士たちを追手として差し向けました。

ノイシュ一行と騎士たちは激しい戦いを繰り広げますが、2人は捕らえられ、連れ戻されてしまいます。そしてノイシュはファーンマグの王イーガンによって処刑されたのです。

デアドラはショックのあまり、食事もとらなくなってしまいます。そんな彼女に対し、コノール王が「お前がいちばん嫌いなものは何か？」と尋ねると、「コノールとイーガン」とひと言。憤ったコノール王は、自分とイーガンで彼女を挟む形にして馬車に座り、発車させました。

度を超えた嫌がらせに絶望したデアドラは、走る馬車から身を投げ、岩に頭を打って死にました。予言が当たってしまったのです。

その後、デアドラとノイシュの墓から、それぞれイチイの樹が生えてきました。互いに絡み合った枝は、2度と引き離すことができなかったそうです。

なお、デアドラにまつわる争いでアルスターの騎士たちが離反したため、国は長く荒廃することになりました。

アルスター伝承群の舞台

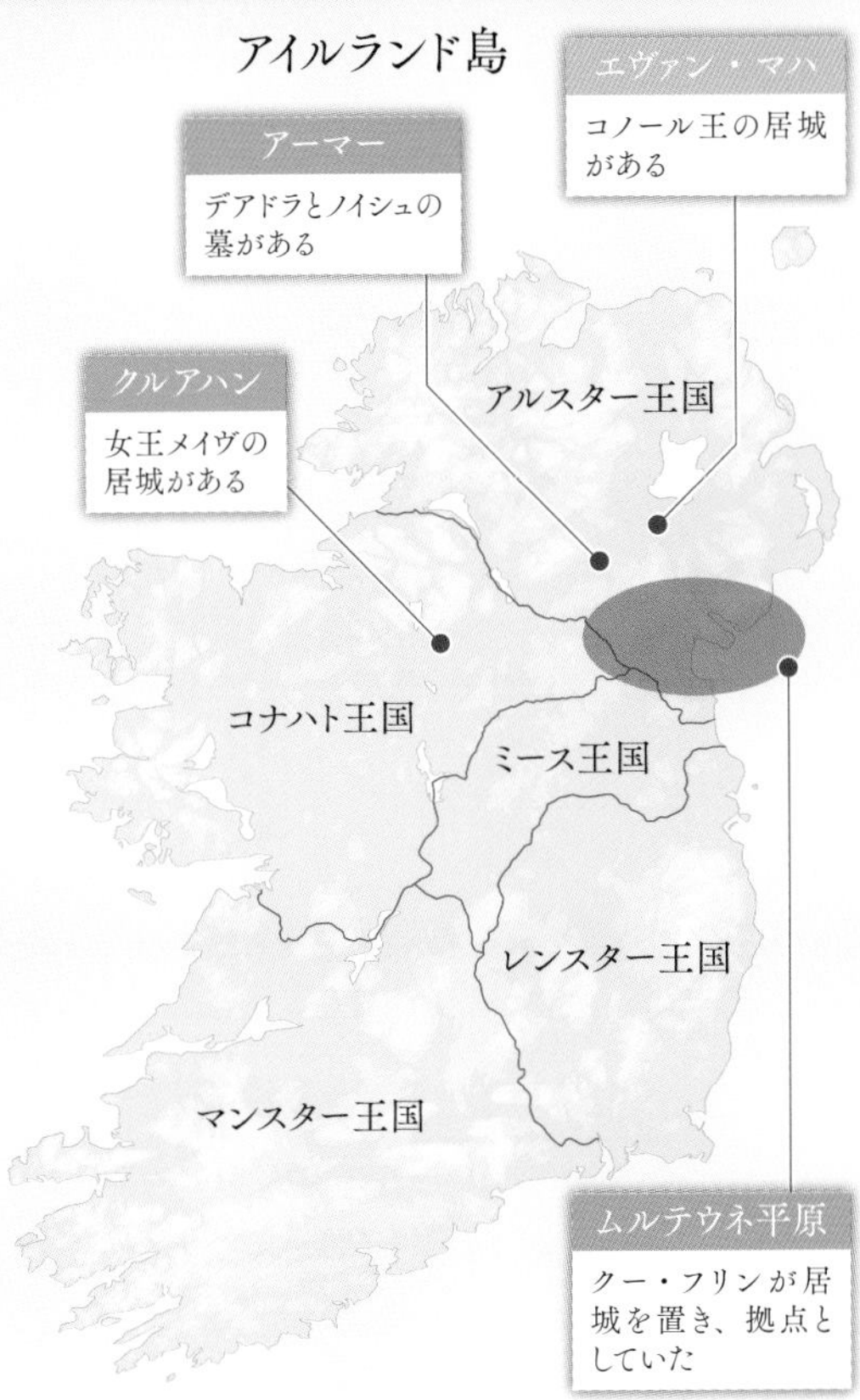

ケルト
神話

炎の騎士 クー・フリン

ねじれの発作で敵を恐れさせた アルスターの英雄

戦意が高まると怪物のような外見になるクー・フリン
『戦うクー・フリン』J・C・ライエンデッカー

「ねじれの発作」で怪物に！

デアドラにまつわる争いの結果、死者と人々の悲しみで満ちあふれるようになったアルスター王国。その地に現れたのが、ケルト神話最大の英雄クー・フリンです。

クー・フリンは太陽神ルーとアルスター王の妹デヒティネとの間に生まれた半神半人の戦士で、幼名はセタンタといいます。幼い頃、鍛冶師のクランの番犬を誤って殺してしまい、自らがその代わりになると申し出たことから、「クランの番犬」を意味するクー・フリンと呼ばれるようになったと伝えられています。

ふだんのクー・フリンは小柄な美男

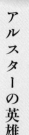

子でした。しかし、戦場に出ると「ねじれの発作」という状態になり、敵兵を震え上がらせました。髪の毛が逆立ち、口が大きく裂け、片目が脳に食い込み、もう片方の目は頬に突き刺さった巨大な怪物の姿に変身するのです。

鍛冶師の番犬を殺してしまった少年時代のクー・フリン。このときのエピソードが彼の名前の由来になっています
『クランの猛犬を倒すクー・フリン』スティーヴン・リイド

クー・フリンにまつわる戦いはいくつも伝えられていますが、いちばんのハイライトとなったのが「クーリーの牛争い」という戦いです。

あるとき、アルスター王国と対立するコナハト王国の女王メイヴが、アルスター王国の巨牛を奪おうと攻めてきます。アルスターの騎士たちは戦争の女神マハの呪いによって動けなくなっていましたが、神の血を引くクー・フリンだけは呪いをまぬかれ、動くことができました。

クー・フリンは孤軍奮闘します。戦車と魔の槍とされるゲイボルグを用い、コナハト軍を撃退。メイヴも捕らえましたが、情けをかけて解放してやりました。

●戦場でかけた情けが仇となる

クー・フリンが意気揚々と凱旋していると、その途中、死を予告する妖精バンジーが自分のものとそっくりな甲冑を洗っている光景を目にします。

不吉に感じながらも帰路を急ぐと、今度は3人の老婆が現れ、串焼きの犬肉を差し出してきました。実は彼女らは、メイヴが雇った呪術師の姉妹でした。クー・フリンはそうとは知らず、犬肉を食べてしまいます。「身分が下の者から提供された食事は断らない」というゲッシュ（禁忌）を定めていたからです。

しかし、クー・フリンは幼児期の失敗から「犬肉は口にしない」というゲッシュも課しており、それを破ったため、体が麻痺してダウン。そこへ現れたメイヴの軍に槍で突かれてしまったのです。

誇り高きクー・フリンは飛び出た内臓を自ら体内におさめます。そして体を自ら石柱にくくりつけ、立ったまま亡くなったのでした。

フィン・マックールの怪物退治

親指をなめて知恵を得るフィアナ騎士団の黄金の戦士

フィン・マックールはフィアナ騎士団の団長。アイルランドの英雄です
『フィアナを助けるためにやってきたフィン』スティーヴン・リイド

●知恵の鮭を食べる

クー・フリンの時代から300年ほどのちの時代、アイルランドに新たな英雄が登場します。「フィン伝承群」で伝えられるフィアナ騎士団の団長フィン・マックール（フィン・マクウィル）です。

フィンは、先代のフィアナ騎士団の団長クマル（クール）とダーナ神族の王ヌアザの娘マーサとの間に生まれました。しかし生まれてまもなく、二人の結婚に反対していたヌアザにクマルが殺されてしまい、息子の身を案じたマーサによって遠くに逃げさせられ、侍女に育てられました。

大人になり自分の素性を知ったフィ

ンは、父と同じフィアナ騎士団の団長になることを決意し、ドルイドのフィガネスに師事します。

　フィガネスのもとで修行中、フィンは鮭を食べてはいけないといわれていましたが、鮭を調理中に親指にはねた油をなめてしまいます。実はその鮭は、食べた者に知恵を授けてくれる「知恵の鮭」でした。

　フィンから油をなめたと正直に告白されたフィネガスは、鮭を食べさせます。それ以来、フィンは親指をなめることで知恵を引き出したり、両手で救った水で病人を治せるようになったのです。

●怪物を退治し騎士団長に

　その後、アイルランドの上王コルマク・マク・アルトのもとに赴いたフィンは、騎士団の団長になる条件としてアイレンというひとつ目の怪物を退治するよう命じられます。竪琴を聞いた者を眠らせる魔法を使う怪物です。

　フィンはアイレンをどう退治すべきか悩みます。親指をなめても妙案は浮かんできません。そのとき、父クマルの部下であった騎士から、眠気を消す力をもつ魔法の槍を授けられたのです。

　フィンは魔法の槍で眠気を消し、炎を吐くアイレンに果敢に挑んで首を斬り落としました。

　この功績により、フィンはフィアナ騎士団の団長となり、彼のもとで騎士団は絶頂期を迎えたのです。

フィン伝承群の舞台

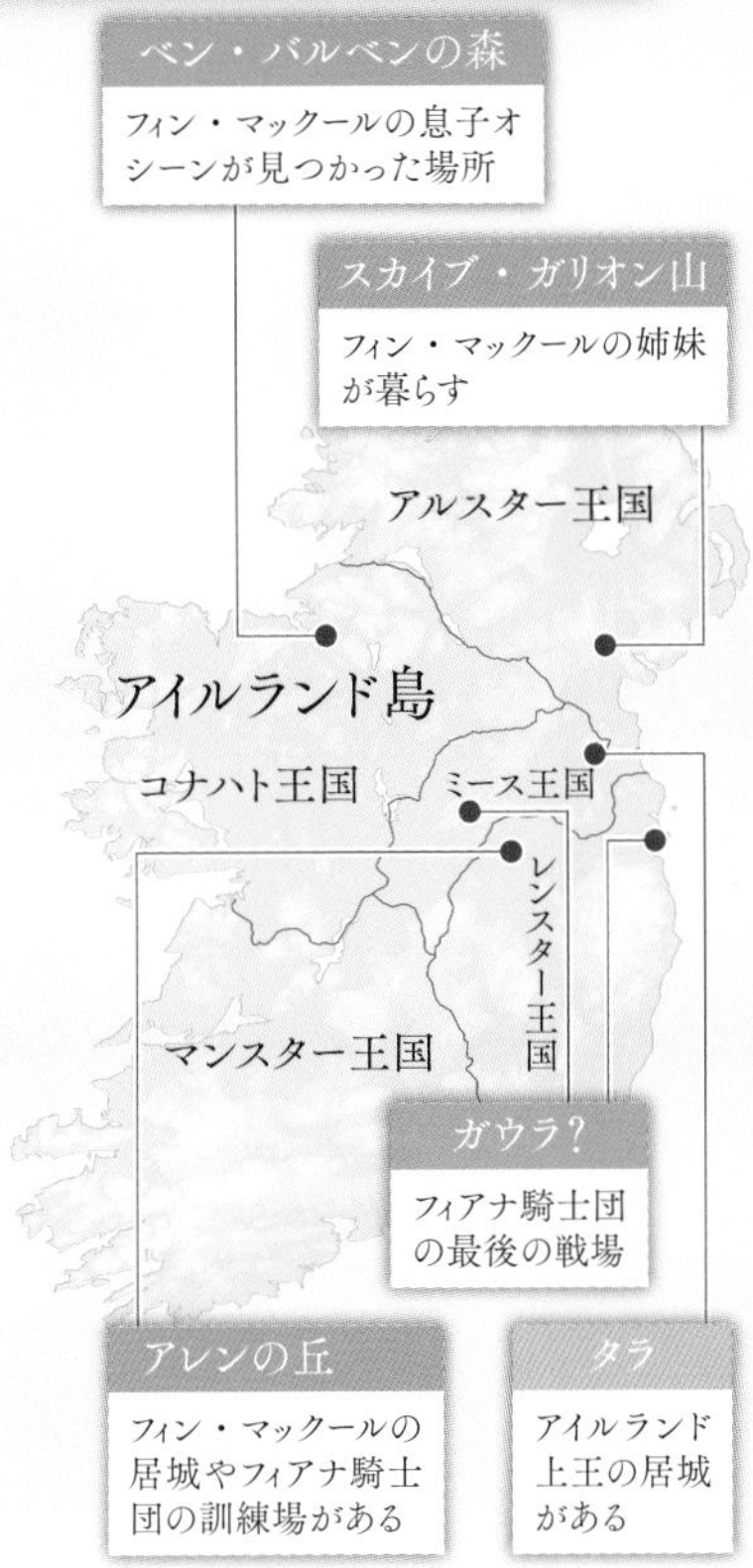

Column　神話の舞台

ジャイアンツ・コーズウェイ（イギリス）

この北アイルランドの海岸には、六角形の石柱群に覆われた不思議な景観が広がっています。フィン・マックールが対岸のスコットランドに渡るためにつくったと伝えられてきました。

オシーンの常若の国訪問

知らぬまに楽園で300年も過ごしていたケルト神話の〝浦島太郎〟

勇敢な戦士にして詩人でもあるフィン・マックールの息子オシーン（左下）
『ローラの岸のオシーン』フランソワ・ジェラール

●ケルト神話の楽園、常若の国

フィアナ騎士団の団長フィン・マックールには、オシーン（オシアン）という息子がいました。父と同じ戦士でありながら冒険家でもあり、名の知れた詩人でもあった英雄です。

そのオシーンにまつわる物語のなかで最も有名なのが、常若《とこわか》の国（ティル・ナ・ノーグ）を訪れるエピソードです。常若の国とは人間に追われたダーナ神族が妖精になってつくった楽園で、そこに棲んでいる者はいつまでも歳をとらないとされています。

あるときオシーンが父のフィンと森で狩りをしていると、白馬に乗った美しい乙女が現れました。

その美女は常若の国の王女で、ニーアヴ（ニーヴァ）と名のります。ニーアヴに一目惚れしたオシーンは、彼女に誘われるがまま、白馬に乗ってともに常若の国へと向かいました。

常若の国は美しい自然が広がり、高貴な人々が暮らす夢のような世界でした。オシーンは住人たちに歓迎され、ニーアヴとともに何不自由のない幸せな日々を送ったのです。

ニーアヴとともに常若の国へ向かうオシーン
『オシーンとニーアヴ』アルバート・ハーター

●実は300年も経っていた！

それから3年ほど過ぎたある日、オシーンは故郷や父のことを思い出し、無性に帰りたくなりました。ニーアヴは反対しましたが、オシーンの決意が固いと知ると、帰郷を許す代わりに条件を出しました。きたときと同じ白馬に乗って帰り、故郷では絶対に馬から降りてはいけないというものです。

オシーンはその条件を受け入れ、アイルランドに戻ります。ところが、故郷の姿はすっかり変わっていました。住民も変わっており、父はもちろん、知り合いが誰ひとりいません。おかしいと思い、通りがかった人に尋ねると、オシーンが旅立ってからすでに300年も経っているというのです。

オシーンはあまりのことに動転し、白馬から降りて（あるいは落馬して）しまいます。両足が地についた瞬間、彼は一瞬で老人になってしまいました。そしてさらに歳をとり、ほどなくして亡くなったと伝えられています。

楽園で3年の時を過ごしているうちに、人間の世界では300年も経っていた——。日本の「浦島太郎」のような物語がアイルランドでも語り継がれているのです。

アーサー王と円卓の騎士

誇り高き騎士たちが繰り広げる
ロマンあふれる冒険物語

岩に刺さった選定の剣を引き抜くアーサー王
『エクスカリバーとアーサー』アーサー・ラッカム

●アーサー王と円卓の騎士

日本ではゲームやアニメを通じてアーサー王物語について知ったという人が多いでしょう。円卓の騎士たち、聖剣エクスカリバー、聖杯探しの冒険など、魅力あふれるエピソードが凝縮されており、ケルト神話のなかでも、とくに高い人気を誇ります。

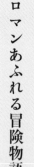

物語の主人公であるアーサー王は、ブリテン王国の王子として生まれ、魔術師マーリンによって育てられました。王室内では熾烈な後継争いがありましたが、選定の剣を引き抜いたことにより玉座を射止めます。

父王の死後、とある教会に「これを引き抜いた者が王となる」といわれる剣（一説にカリブルヌズ）がありました。その剣は岩に突き刺さっており、名だたる戦士たちが抜こうとしても引き抜けませんでした。そうしたなか、当時15歳のアーサーがやすやすと剣を引き抜きます。こうしてアーサーは、ブリテン王として認められたのです。

その後、アーサー王は破損した選定の剣を湖に投じ、妖精から聖剣エクスカリバーをもらい受けます（異説あり）。そして魔術師マーリンらの力を借りながら、アングロ・サクソン人の侵攻を防いでブリテン島とアイルランド島を支配。さらに巨人退治やローマ遠征を行うなど、大いに活躍しました。

そのうちアーサー王のもとに、ランスロット、トリスタン、パーシュバルといった勇敢な戦士たちが集まってきます。王と騎士たちはキャメロットの城に設けられた大きな円卓を囲んで、さまざまな事柄について話し合いまし

アーサー王と騎士たちが円卓を取り囲み、聖杯を見ている場面
『円卓についた騎士たち』エヴラード・デスピンカス

た。これが「円卓の騎士」という名の由来です。机を円形にしたのは、集まるメンバーがみな等しい立場にあることを示すためでした。

●聖杯伝説と国の繁栄

やがて円卓の騎士たちは、イエス・キリストが最後の晩餐《ばんさん》に用いたとされる聖杯を探す旅に出ます。

聖杯はブリテン島にあり、そのおかげで国が繁栄していると信じられていたのですが、実はどんな姿形なのか、どこにあるのか、何もわからないことに気づきました。当時、ブリテン島は突然の不作に見舞われていたこともあり、聖杯を探し出して国をもとどおりにしようと考えたのです。

騎士たちは何年も聖杯を探し続けましたが見つからず、キャメロットへ帰ってきました。それでもランスロットの息子ガラハットだけはあきらめません。その甲斐あって、ある寂《さび》れた城で聖杯を発見したのです。

王と騎士たちは聖杯を探し続けたガラハットの純粋な心を褒め称え、ブリテン王国は再び栄えることになりました。

●円卓の騎士の裏切り

しかし、円卓の騎士のなかには聖杯の奇跡に触れられない者がいました、ガラハットの父ランスロットです。

美しく武勇に優れたランスロットは、アーサー王から絶大な信頼を得ていました。ところが彼は、王妃グィネヴィアと道ならぬ恋に落ちており、聖杯の奇跡からは見放されたのです。

そして、そのランスロットの裏切りはブリテン王国の崩壊にまでつながってしまいます。

円卓の騎士のひとりであるモードレッド（メドラウド）は、ランスロットと王妃の不倫をアーサー王に密告します。実はモードレッドはアーサー王と異父姉との間に生まれた子で、生まれてすぐ捨てられた過去をもっていました。その恨みを晴らすべく、素性を隠して円卓の騎士となり、いつしか父から王位を奪おうともくろんでいたのです。

モードレッドから密告を受けたアーサー王は、フランスへ逃亡したランス

聖杯を探し当てたのはランスロットの息子ガラハットでした　『ガラハットと聖杯』エドウィン・オースティン・アビー

ロットを討伐するため、自ら軍勢を率いて出陣します。ところが、その隙にモードレッドが謀反を起こし、王位についてしまいました。

●一騎打ちで勝利したのは……

モードレッドの謀略に気づいたアーサー王は、急いでブリテン島に引き返し、モードレッドの軍勢を追い詰めていきます。激戦のすえ、最後はモードレッドとの一騎打ちとなり、アーサー王がモードレッドを槍で突いて倒しました。

しかし、モードレッドは最後の力を振り絞り、剣でアーサー王の側頭部に一撃をくらわせます。重傷を負ったアーサー王はじきに亡くなったとも、幻のアヴァロン島へわたり、姿を消したともいわれていますが、真相はわかりません。

一方、自分が原因で王が亡くなり、国が崩壊したことを知ったランスロットは修道院に入って司祭になり、罪を悔いながら生涯を送りました。

アーサー王とモードレッドによるカムランの戦い。勝ったのはアーサー王でしたが、王自身も深い傷を負いました

『アーサー王との決闘』N・C・ワイエス

●アーサー王は実在したのか？

アーサー王が実在の人物かどうかは、昔から議論されてきました。

伝説の起源は6世紀にさかのぼり、アーサーという名のブリテン人の戦闘指揮官をモデルにしたという説が唱えられました。その後、複数の英雄像を重ねながら、アーサー王にまつわる数々の物語がつくられます。

そのなかでアーサー王にはケルト人の理想的な王、中世の騎士道精神、12世紀頃にはヨーロッパ中が模範とする君主像が託され、英雄として広まっていったと考えられています。

Column　神話の舞台

ティンタージェル城（イギリス）

アーサー王伝説の舞台とされるコーンウォール地方では、ティンタージェル城などの遺跡が見られます。城跡は伝説と直接関係はありませんが、丘上にホテルが建つなど観光地化しています。

クー・フリン

ケルト神話最大の英雄が半神半人のクー・フリンです。幼名はセタンタといいましたが、7歳時に鍛冶師クランの猟犬を誤って殺してしまい、その代わりを申し出たことから、クランの番犬クー・フリンと呼ばれるようになりました。

その姿は、黒髪に灰色の目をもち、小柄な美男子であったとされています。当然、女性にもてました。しかし、クー・フリンは「偉大な英雄となるが、短命に終わる」という運命にあり、生涯を戦いに費やしました。

影の国の女王スカアハのもとで武術と魔術を学び、ゲイ・ボルグという魔槍を授けられます。武器はクルージという剣、ドゥヴシェフという投げ槍、ドゥバンという盾など、たくさんもっていました。

戦場に出ると、髪の毛が逆立ち、口が大きく裂けた「ねじれの発作」という状態になって奮闘します。そして最期も戦場で迎えることになったのです。

クー・フリンの名声は、アイルランドからブリテン島まで鳴り響きました。

フィン・マックール

知力が高く、予言と超自然を操る能力をもち、戦士としても飛び抜けて強い——。それがケルト神話においてクー・フリンと並び称されるフィン・マックールです。

本名はデァムナですが、明るく美しい金髪をもっていたことから、「白い」「輝く」を意味するフィンと呼ばれるようになりました。多くの女性から愛され、たくさんの子を残しています。

フィンは若くしてアイルランド王を守るフィアナ騎士団の団長に就任しました。もともと3000人の団員を誇る騎士団でしたが、入団試験を厳しくして優秀な騎士を集めたことにより、騎士団は最盛期を迎えます。フィンは公平かつ寛大な団長で、騎士たちに慕われました。しかし、次第に嫉妬深く陰険な側面が強くなり、人望を失っていきます。晩年には騎士のティルムッドを嫉妬心から死に追いやってしまいました。

フィンの最期については諸説ありますが、人望を取り戻すため、川を飛び越える儀式を行い、溺死したとも伝わります。

オシーン

フィアナ騎士団が誇るべき団長フィン・マックール。オシーンはその息子です。母のサイヴァがドルイドによって鹿に変えられて連れ去られたことから、「小鹿」を意味するオシーンと呼ばれるようになりました。

オシーンは森のなかで7歳のときに保護され、フィアナ騎士団で育てられました。

真珠のような歯、鋭く青い目をもち、こめかみには鹿の毛が生えていたとされています。体つきはがっしりした巨漢です。

やがてフィアナ騎士団の優れた戦士となり、仲間たちからも慕われます。プライベートではエヴィルという女性と結婚し、3人の子をもうけました。

しかしあるとき、ニーアヴという美女に誘われ、異界である常若の国を訪れると、そこで300年も過ごしてしまったのです。

それでもオシーンが優秀な戦士であったことに違いはなく、のちには詩人としても讃えられることになりました。

アリアンロッド

アリアンロッドはダーナ神族の大母神ダヌの娘で、月の女神です。

ウエールズの神話・伝承を集めた『マビノギオン』の第4話によると、アリアンロッドはグヴィネズ王マースに仕える兄の魔術師グヴィディオンにより、マースの足を膝にのせる処女として差し出されました。しかし、アリアンロッドは魔法の杖をまたぐという試験に失敗し、杖をまたいだとたん、双子の男の子を生んでしまいます。

その後、アリアンロッドは自分の処女性を否定する双子の存在を嫌い、ひとりを捨て、もうひとりも箱に入れて捨て、2番目の子に対して「私が与えるまで名前をもてない」という呪いをかけます。

グヴィディオンの策略により、その子にリューという名前がつけられると、アリアンロッドは激怒し、再びその子に呪いをかけました。

それも結局、グヴィディオンの魔法で無力化されますが、2人が和解することは最後までありませんでした。

アーサー王

アーサー王の物語はケルト神話を代表するものですが、ウェールズなどの民間伝承に登場する伝説的な王でもあります。

アーサーという名前はラテン語名のアルトリウスに由来し、「熊のような人」を意味します。また、アーサー王の国はログレスと呼ばれ、都のキャメロットに居城が築かれていたといわれていますが、実在したかどうかは議論が分かれています。

アーサーは先代の王の子でありながら、聖剣エクスカリバーを手に入れ、ブリテン王となります。そして円卓の騎士とともに聖杯を探す冒険に出かけました。高潔で気前のよい王は、理想の君主として崇敬されました。

しかし、アーサー王の晩年は不幸でした。妻グィネヴィアと騎士のランスロットの不倫、騎士たちの分裂、さらに自身の不義の子モードレッドの裏切りと続くなか、やがて王は静かに姿を消したのです。

トリスタン

トリスタンはアーサー王率いる円卓の騎士のひとりで、アイルランド王女イゾルデとの悲恋を描いた「トリスタンとイゾルデ」の物語によって広く知られています。

トリスタンはコーンウォールの隣国のリオネスの王子として生まれ、母親を早くに亡くしたことから「悲しみの子」を意味するトリスタンと名づけられました。

やがて叔父のマルク王に騎士として仕えますが、一騎打ちで敗北を喫してしまいます。

重傷を負ったトリスタンはイゾルデと出会い、彼女に傷を癒してもらいました。

その後、イゾルデはコーンウォール王に見初められ、妃にされます。

しかし、あるときトリスタンとイゾルデは、誤って愛の妙薬を飲んでしまい、激しい恋に落ち、不倫を続けることになりました。

一方、アーサー王物語でのトリスタンはランスロットと並ぶ騎士として活躍を見せ、数々の武勲を残しました。

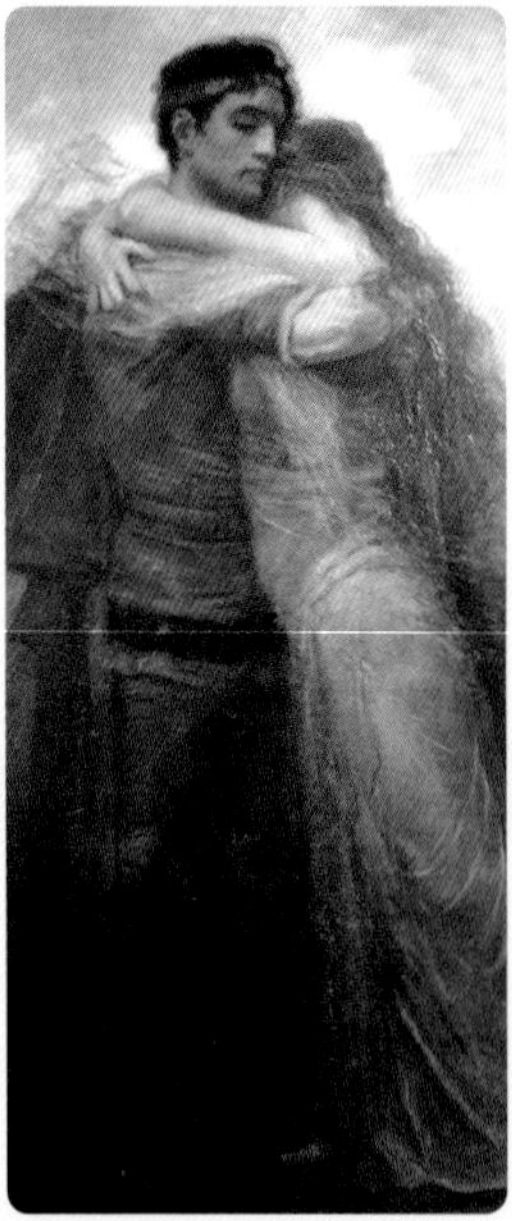

Chapter

4

インド神話

ヴェーダやヒンドゥー教の
神々が活躍する

インド神話の概観

3000年もの歴史のなかで つくられた神々の物語の集大成

●ヒンドゥー教の神々の物語

インド神話は3000年という長い歴史をもち、1000以上の神が登場する壮大な物語です。ひと言で表現すれば、ヒンドゥー教の神々の物語といえます。

ヒンドゥー教は、中央アジアに起源をもち、紀元前13世紀頃にインドに侵入したアーリア人によって形成されたバラモン教と、インドの土着の信仰が融合してできた宗教です。紀元前1000年頃までに神々への讃歌や祭儀を記した聖典『リグ・ヴェーダ』がつくられ、インドラなどの神々が登場しました。この時代に信仰されていたのがインド神話で最も古い神々です。

紀元前900～前200年頃には『リグ・ヴェーダ』などに解釈を加えた付属書がつくられるようになり、そのなかから万物を創造した最高神ブラフマーが登場。ブラフマーからは、のちに妻となるサラスヴァティーなども生み出されます。この後期ヴェーダの時代の神々がインド神話の2期メンバーです。

その後、破壊神シヴァ、維持神ヴィシュヌなどが本格的に登場します。この時代がインド神話の集大成といわれる時期で、ブラフマーに代わってシヴァとヴィシュヌが有力視されるようになりました。

また、紀元前3世紀には『ラーマーヤナ』、紀元前2世紀頃には『マハーバーラタ』という、インドの神話や伝説などを組み込んだ古代インドの二大叙事詩が成立しています。

●仏教に転身した神もいる

このように、インド神話はおよそ3000年の間に何度か編纂を重ねてきました。そのため、神々の立ち位置や関係、性格などが変化しています。

また、インド神話から仏教に取り入れられた神々も少なくありません。たとえばインド神話で最初の死者とされるヤマは、仏教で地獄の王とされる閻《えん》魔《ま》のモデルです。ヤマは中国で夜摩天《やまてん》を経て閻魔天へと変化しました。

インド神話と宗教の関係

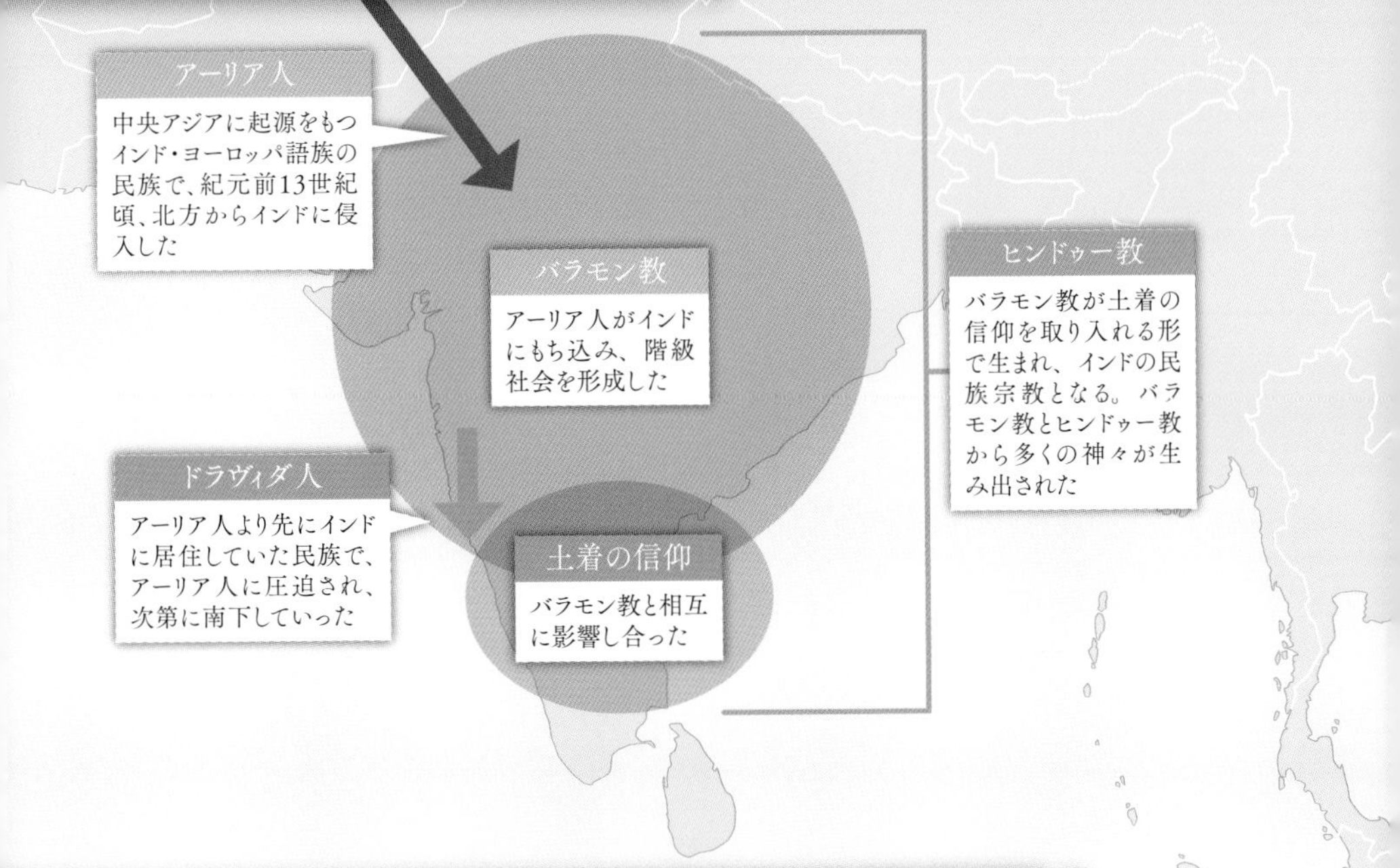
アーリア人
中央アジアに起源をもつインド・ヨーロッパ語族の民族で、紀元前13世紀頃、北方からインドに侵入した
バラモン教
アーリア人がインドにもち込み、階級社会を形成した
ドラヴィダ人
アーリア人より先にインドに居住していた民族で、アーリア人に圧迫され、次第に南下していった
土着の信仰
バラモン教と相互に影響し合った
ヒンドゥー教
バラモン教が土着の信仰を取り入れる形で生まれ、インドの民族宗教となる。バラモン教とヒンドゥー教から多くの神々が生み出された

仏教に取り入れられたインド神話の神々

インド神話の神		仏教での名称
シヴァ	破壊神	大黒天《だいこくてん》
ヴィシュヌ	維持神	那羅延天《ならえんてん》
ブラフマー	創造神	梵天《ぼんてん》
インドラ	雷霆神	帝釈天《たいしゃくてん》
アグニ	火神	火天《かてん》
ヤマ	地獄の王	閻魔天《えんまてん》
ラクシャーサ	鬼神	羅刹女《らせつにょ》
ヴァルナ	水神	水天《すいてん》
ヴァーユ	風神	風天《ふうてん》
クヴェーラ	富と財宝の神	毘沙門天《びしゃもんてん》
スーリヤ	太陽神	日天《にちてん》
チャンドラ	月の女神	月天《がってん》

三神一体

インド神話を代表する3神
創造と破壊を繰り返す

左からブラフマー、ヴィシュヌ、シヴァ。この３神がインド神話の最高神です

●世界を創造したブラフマー

インド神話では創造神ブラフマー、維持神ヴィシュヌ、破壊神シヴァが、1000以上登場する神々のなかの最高神とされており、この3神が創造と破壊を繰り返すのが神話世界の根本となっています。いわゆる三神一体（トリムールティ）です。

ブラフマーは、宇宙の原理を象徴する「ブラフマン」の概念を神格化したものといわれています。ブラフマンが擬人化され、男性神ブラフマーとなったというのです。

混沌とした世界の原初の水から黄金の卵が現われ、ブラフマーが生まれます。ブラフマーは卵の殻から天と地をつくり、あらゆるものを生み出しました。また、自ら生み出した女神ヴァーチュ（サラスヴァティー）との間にマヌという原初の人間ももうけました。これがインド神話の創世譚です。

ただし別の伝承では、誰が宇宙の創造者であるかについて、ブラフマーとヴィシュヌが争った際、シヴァが横から入ってきて力を見せつけ、創造神の地位を奪ったともいわれています。さらに、世界をつくったのはシヴァの性力であり、ブラフマーはシヴァの崇拝者でしかないという説もあります。

また、ブラフマーは白い髭の老人の姿をしていますが、顔が4つ、腕も4本あります。4つの顔は聖典であるヴェーダ四書を書き写したことに由来しますが、もとは5つありました。ひとつはシヴァに無礼な話し方をしたため喧嘩になり、切り落とされてしまったそうです。

当初はブラフマーが3神のなかの最高神とされていました。しかしヒンドゥー教の時代になると、ヴィシュヌとシヴァが格上げされ、ブラフマーはヴィシュヌのヘソ、あるいはヘソより生じて蓮華から生まれた神と考えられるようになりました。

ブラフマーが超越的・抽象的な存在であるのに対して、ヴィシュヌとシヴァは人間と積極的に関わる神です。その違いから、ブラフマーは神話のなかで2神よりも下に位置づけられるようになったのではないかともいわれています。

現代のヒンドゥー教において、ブラフマーはヴィシュヌやシヴァほど人気がありませんが、創造神というその役割は重要です。仏教では梵天（ぼんてん）として知られています

●化身して世界を救うヴィシュヌ

ヴィシュヌは青黒い肌で4本の腕をもち、法螺貝《ほらがい》や輪宝《りんぽう》、紅蓮華《ぐれんげ》、棍棒《こんぼう》などを手にした姿で描かれることが多いです。古代の王族のような姿といえるでしょう。

ブラフマーの役割が世界の創造であるならば、ヴィシュヌの役割は世界を維持して修復することです。世界を救済するため、さまざまな姿に化身して地上に現われるのです。

ヴィシュヌの化身をアヴァターラといい、ヒンドゥー神話においては10の化身がよく知られています。

たとえば、第一の化身マツヤは魚の姿。大規模な洪水が起こったとき、人間の祖先マヌとすべての生物を船に乗せてヒマラヤ山頂まで引っ張っていってあげました。

ほかに魔王バリを冥界へと追放した倭人ヴァーマラ、魔王ヒラニャカシブを追い払った人獅子ヌリシンハなどもヴィシュヌの化身です。さらにインドで人気の神クリシュナもヴィシュヌの化身とされています。

このようにヴィシュヌは、さまざまな姿に身を変えて世界を救済してきたのです。

●世界を破壊するシヴァ

シヴァは青く引き締まった体、首に巻いた毒蛇、第3の目などが特徴的な勇ましい神です。一説には、英雄神インドラが前身ともいわれています。

古代において雷鳴と光を放ち、激しい嵐を起こす暴風雨の神としての性格をもっていたため、自然を壊す破壊の神とみなされるようになりました。そ

ヴィシュヌの10の化身

第1の化身
マツヤ（魚）。すべての生物を大洪水から救う

第2の化身
クールマ（カメ）。マンダラ山（宇宙）を支える

第3の化身
ヴァラーハ（イノシシ）。大地の女神を助け出す

第4の化身
ナラシンハ（人獅子）。魔王ヒラニャカシブを追い払う

第5の化身
ヴァーマラ（矮人）。魔王バリを冥界へと追放する

第6の化身
パラシュラーマ。邪悪なクシャトリヤを滅ぼす

第7の化身
クリシュナ。『マハーバーラタ』で活躍が描かれる

第8の化身
ラーマ。『ラーマーヤナ』で活躍が描かれる

第9の化身
ブッダ。悟りを開き、仏教の開祖となる

第10の化身
カルキ。末世に悪を滅ぼし、新時代を切り開く

シヴァは当初はそれほど重要な神格ではありませんでした。しかし、ヒンドゥー教が広まると人気が高まり、ヴィシュヌとともに信者を二分するようになりました

の激しさは喧嘩したブラフマーの顔を切り落としたり、言い争いになった息子のガネーシャの首をはねたりしたエピソードからもうかがえます。

しかし、シヴァは破壊するだけでなく、再生させる神でもあります。その姿はカーマの物語に描かれています。

ヒマラヤ山脈のカイラーサ山で修行していたシヴァのもとに、欲望の神カーマが送り込まれてきました。カーマが瞑想中のシヴァに欲望の矢を打ち込むと、修行を邪魔されたことに怒ったシヴァは第3の目から炎を放ちました。その光を浴びたカーマはたちまち焼き尽くされ、灰になってしまいます。

ここまでは、好戦的な破壊の神でしかありません。しかしその後、シヴァはカーマを愛の神プラディユムナとして再生させているのです。

シヴァは暴風雨によって自然を破壊させる一方で、恵みの雨によって作物を育てる破壊と再生、死と復活を司る神であったといえます。

ヴィシュヌは化身して世界を救済しましたが、シヴァは悪の世界をリセットすることで新しい世界をつくろうとしたのです。

このように神々が創造と破壊を繰り返すのがインド神話の特徴です。ブラフマーが世界を創造し、ヴィシュヌが維持して守り、シヴァが破壊して再生させる——。そのサイクルが繰り返されてきたのです。

なお、この3神の機能をそれぞれバラモン（聖職者）、クシャトリア（王侯貴族）、ヴァイシャ（庶民）というカースト制に対応させる説もあります。

Column　神話の舞台

アンコール・ワット（カンボジア）

アンコール遺跡群のひとつであるこの巨大寺院群は、ヴィシュヌに捧げる形で創建されました。インド神話で神々が棲むと伝わる霊峰メール山をモチーフにしたといわれています。

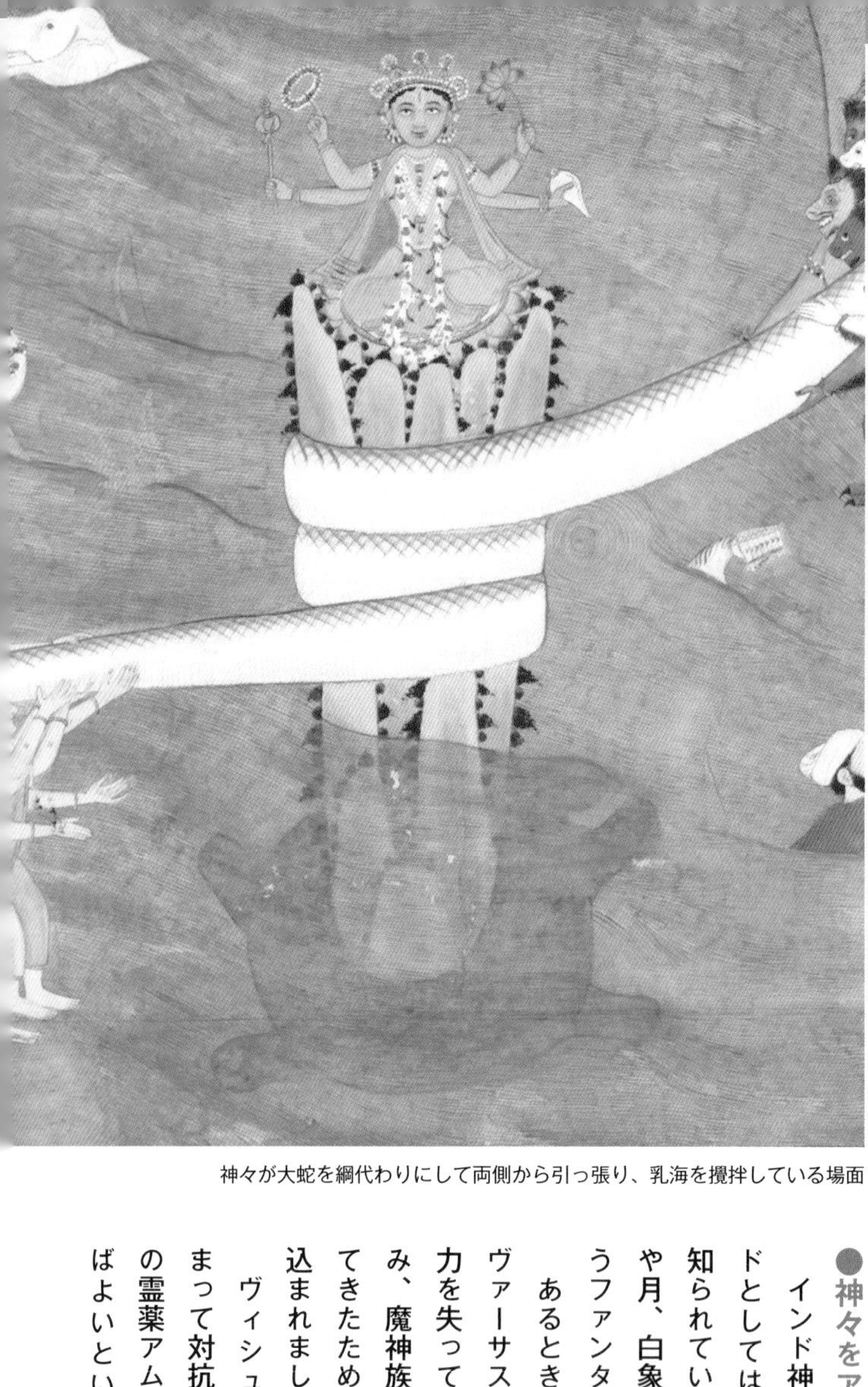

神々が大蛇を綱代わりにして両側から引っ張り、乳海を攪拌している場面

乳海攪拌

乳海を1000年も混ぜ続け、神々は不老不死となる！

●神々をアスラが襲う

インド神話で創世譚に続くエピソードとしては、乳海攪拌《にゅうかいかくはん》の逸話がよく知られています。乳海のなかから太陽や月、白象やウシなどが生まれたというファンタジックな話です。

あるとき、天界の神々は聖仙ドゥルヴァーサスに呪いをかけられ、超常の力を失ってしまいます。それにつけ込み、魔神族のアスラ（阿修羅《あしゅら》）が攻めてきたため、天界の神々は窮地に追い込まれました。

ヴィシュヌやブラフマーなどが集まって対抗策を練った結果、不老不死の霊薬アムリタをつくって神々が飲めばよいという結論に至ります。ヴィシュヌによると、アムリタは神々とアスラが協力して海をかき混ぜればできるそうです。

この助言を受け、神々とアスラは和解。両者は一時休戦し、互いに協力して海の攪拌を開始しました。

●不老不死になった神々

ヴィシュヌは大亀クールマに化身。背中にマンダラ山をのせて軸棒とし、大蛇ヴァースキを巻きつけます。そして軸棒に巻きつけた大蛇の両端を神々とアスラが互いに引き合い、グルグルまわしながら海をかき混ぜました。

攪拌が終わることはなく、なんと1000年にもわたり延々と繰り返されました。その間、多くの生物が死んで海中になだれ込み、海は少しずつ乳海と化していきます。やがて海がバター油のようになると、太陽や月、女神などが誕生しました。最後に現れた天界の医学の神は、アムリタが入った壺をもっていたのです。

ここでアスラがアムリタを独占しようとします。そこでヴィシュヌは美女に化身して、アスラを誘惑。その間に神々はアムリタを飲み、不老不死の力を手に入れたのでした。

魔神ラーフは神々に化けてアムリタを飲もうとしました。しかし、それを知ったヴィシュヌに首を切り落とされて絶命します。ラーフの首は、ヴィシュヌに告げ口をした月と太陽を追いかけまわしたため、日食と月食が生まれたと伝わります。

こうして不老不死となった神々が魔神族に対して優位に立つと、世界に平和が訪れます。この伝承から、インドではバターを精製したバター油が神聖なものとされ、儀式などで使われるようになったそうです。

シヴァは大蛇ヴァースキが撒き散らした猛毒を飲んだため、首が青黒くなったと伝えられています

ハヌマーンの大冒険

ラーマ妃救出作戦で活躍した「孫悟空」のモデルとされる猿の神

薬草を求め、山ごと切りとってもってきた怪力のハヌマーン

●この猿神が孫悟空のモデル

古代インドの叙事詩『ラーマーヤナ』には、コーサラ国の王子ラーマの英雄譚が書かれています。

ラーマ王子はヴィシュヌの化身とされ、さらわれた妻をとり戻すために冒険に出ます。そのラーマ王子の仲間として登場するのが、ハヌマーンという猿の神です。

ハヌマーンは風の神ヴァーユの子で、猿の顔に人間の体、長い尻尾をつけたユニークな姿をしています。その名は「骸骨をもつ者」を意味します。

俊敏で力が強く、空を自由に飛んだり、姿や体の大きさを変えたりする能力をもち、中国の明代に書かれた小説

『西遊記』の主人公孫悟空のモデルともいわれています。孫悟空のモデルということは、日本の人気マンガ『ドラゴンボール』の原型でもあるということです。

●山ごと切りとった怪力ぶり

ハヌマーンが大活躍するのが、ラーマ王子の妻シーターの救出劇です。

ラーヴァナ（左）と戦うラーマ（右上）とハヌマーン（右下）。ハヌマーンがラーマを助けたのはこれだけではなく、単身で、あるいは猿族を率いて幾度も王子を助けたとされています

あるとき、シーターが鬼神（魔王）ラーヴァナにさらわれてしまいます。

ラーマ王子のシーター探しに協力することになったハヌマーンは、ランカー島（現在のスリランカ）に幽閉されていることを探り出すと、海上を飛びまわり、体を小さくして島内を探しまわって、ついに彼女を発見します。シーターは深い森のなかに囚われていました。

ラーマ王子一行は妻を救出に向かいますが、島に渡る道がありません。そこでハヌマーンは一計を案じます。猿族を集め、陸地まで橋をつなげて島まで到達したのです。

そしてラーヴァナの城をとり囲むと、巨人のクンバカルナやラーヴァナの息子インドラジッドらと激しい戦いを繰り広げ、これを倒します。激戦のなか、ラーマ陣営のラクシュマナがやられましたが、ハヌマーンがカイラーサ山の薬草を瞬時にとってきて助けました。ハヌマーンはどれが薬草なのかわからなかったため、山ごと切りとってくるという怪力ぶりを見せたのです。

その後、ラーマ王子はラーヴァナに対してヴィシュヌの矢を打ち込み、息の根を止めました。こうしてラーマ王子とハヌマーンは、シーターを救出したのです。

インド
神話

クルクシェートラの戦い

『マハーバーラタ』に記されたクル族とパーンドゥ族の大戦争

5王子の三男アルジュナとカルナが衝突したクルクシェートラの戦い

●バーラタ族の後裔の争い

『ラーマーヤナ』とともにインドの二大叙事詩に列せられる『マハーバーラタ』。このインドの国民的文学は、王族たちがバラモン教の聖地クルクシェートラで繰り広げた大戦争を主題とした物語となっています。

その昔、北インドにバーラタ王という伝説的な王がおり、その子孫はバーラタ族と呼ばれていました。バーラタ族からはクル族とパーンドゥ族という後裔が出て、その2つの王族が対立することになるのです。

パーンドゥ王はクンティーとマドゥリーという2人の妃をもち、クンティーとの間に長男ユディシュティラ、次男ビーマ、三男アルジュナ、マドゥリーとの間に四男ナクラ、五男サハデーヴァをもうけます。王子たちは立派な青年に成長しますが、王は過去にかけられていた呪いで亡くなってしまったため、目の不自由な兄ドリタラーシュトラが王位につきました。

一方、クル族のドリタラーシュトラ王には100人もの王子がいました。王子たちは文武とも優れた従兄弟の5王子を妬み、嫌がらせを続けました。

嫌がらせは次第にエスカレートしていきます。毒を盛られたり、宮殿に火をかけられたりして、命の危険を感じるようになった5王子は、火事で死んだことにして国外に逃げたのです。

●婿選びの儀式で勝利!

逃亡中、5王子はパンチャーラ王国で王女ドラウパディーの婿選びの儀式に参加。三男のアルジュナがインドラから授かった弓術でアピールに成功し、王女の婿の座を勝ちとります。

アルジュナが家に戻ると、母のクンティーから「5人で仲よく分けなさい」といわれたため、ドラウパディーを兄弟共通の妻にしました。

5王子が生きていて、強国の王女を娶ったことを知った王のドリタラーシュトラは激怒しますが、周囲の説得を受けて5王子を許し、迎え入れることにしました。

●祖国を追放された王子たち

5王子が新たに与えられた土地に国を建てると、都のインドラプラスタは大いに繁栄します。しかし、従兄弟の100王子の筆頭格であるドゥルヨーダナは、その様子を苦々しい思いで見ていました。

あるときドゥルヨーダナは、インドラプラスタの王として君臨していた長男ユディシュティラをだまして国の全財産を奪います。さらに5王子に対し、12年間の国外追放、13年目は身分を偽って隠遁するように命じたのです。

こうして自国から追い出された5王子は、荒野でつらい日々を送ることになりましたが、その間、修行を重ねます。とくにアルジュラは破壊の神シヴァと戦って力を認められ、世界を滅ぼす力をもつパーシュパタという武器を授かりました。

やがて追放期間が終わり、5王子は帰国しようとします。ところが、ドゥルヨーダナはそれを認めようとせず、財産も返さなかったため、もはや両者の関係は修復不可能となってしまいました。

弓術をアピールし、王女ドラウパディーの婿に選ばれたアルジュナ

パーンドゥ族とクル族の対立構図

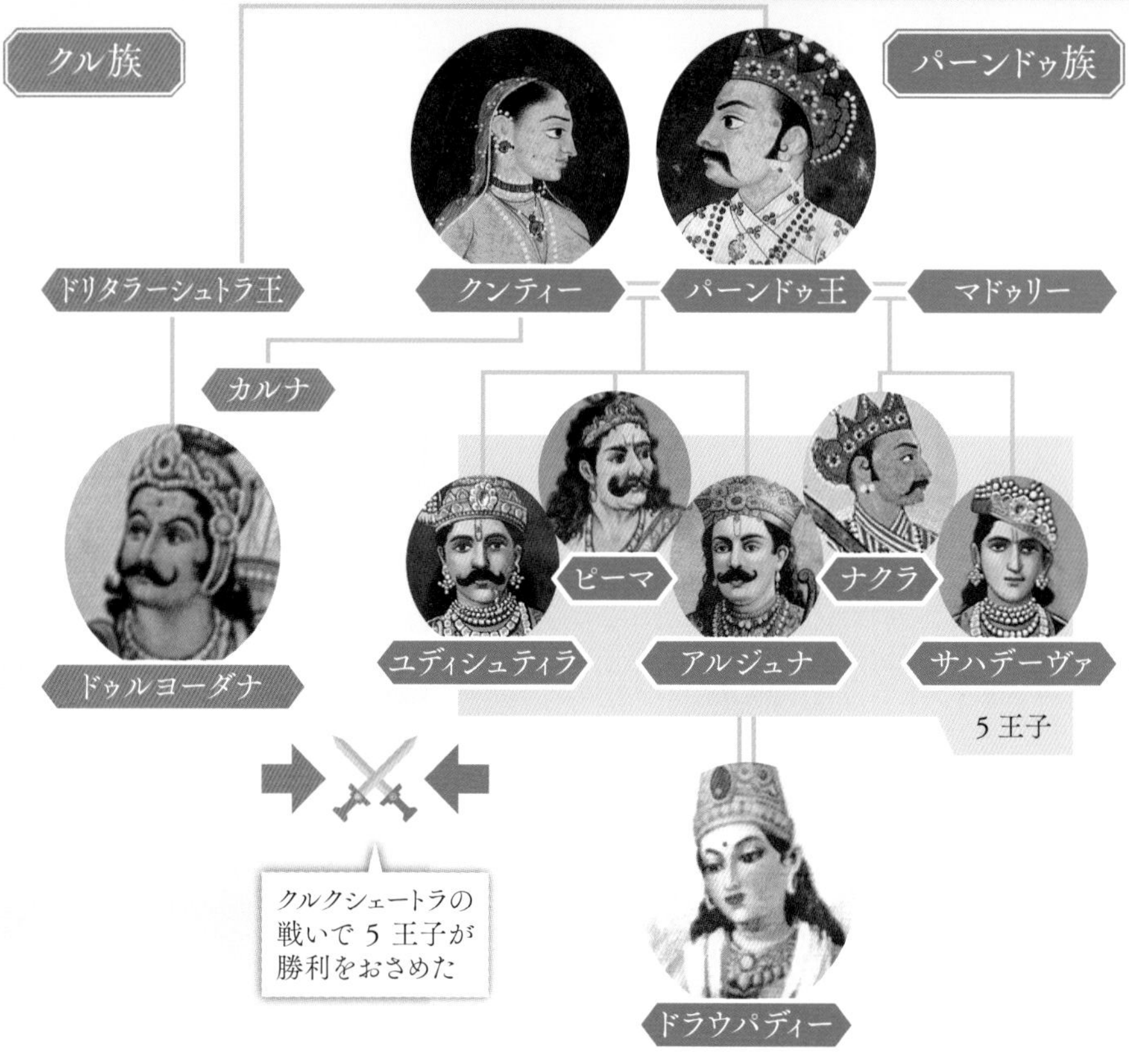

そしてついに戦争がはじまり、両軍はクルクシェートラで衝突することになったのです。

●アルジュナとカルナの兄弟対決

クルクシェートラの戦いは激戦となります。

5王子は神々から授かった武器を繰り出し、ピーシュマ、ドローナなど敵の司令官を倒しました。そうしたなか、アルジュナに敵意をむき出しにして向かってくる者がいました。第3の司令官カルナです。

このときアルジュナは知らなかったのですが、カルナはアルジュナらの実の兄でした。母のクンティーはパーンドゥ王に嫁ぐ前、太陽の神スーリヤとの間にカルナをもうけていたのです。

カルナはドゥルヨーダナの御者に育てられ、成長するとアンガ国の王の座についていました。実はカルナはドラウパディーの婿選びの儀式にも参加しており、そこでアルジュナに負けたことを恨みに思っていたのです。

戦前、カルナは母のクンティーやアルジュナの友人でヤータヴァ族の王クリシュナ（ヴィシュヌの化身）から5王子の方につくように説得されましたが、「仲間を裏切れない」と拒否していました。

このような因縁もあり、アルジュナとカルナの戦いは熾烈を極めます。しかし、カルナの馬車が動かなくなった瞬間、アルジュナの放った矢がカルナに命中。次男ビーマもドゥルヨーダナと戦い、太ももを砕いて勝ちました。

こうして18日間にわたる壮絶な戦いは、5王子側が勝利をおさめることができました。しかしその実、5王子たちも、息子たちを惨殺され、苦い勝利に終わったのでした。

その後、5王子たちは帰国し、よき王として国をよく治めたと伝えられています。

弓術の達人であったことがアルジュナを救いました

Column　神話の舞台

クルクシェートラ（インド）

インド北部に位置し、クリシュナとアルジュナの戦車像が建立されています。ヒンドゥー教の聖地とされ、パワースポットとしても知られています。

ブラフマー

インド神話の神のなかで、ヴィシュヌ、シヴァとともに最高神とされているのが創造神ブラフマーです。

４つの顔、４本の腕をもつ白髭の老人（あるいは青年）の姿で表されることが多く、蓮の花の上に座って描かれることもあります。バラモン教時代の神話によると、原初の海に発生した蓮のなかで目覚め、世界を創造したとされています。しかし、のちのヒンドゥー教時代になると、そのエピソードがヴィシュヌと結びつけられ、水上で眠るヴィシュヌのヘソから生えた蓮の花から生まれたと伝えられるようになりました。

創造神ブラフマーは自分の妃も生み出しました。サラスヴァティーです。サラスヴァティーは非常に美しかったため、その顔をどこからでも見ることができるよう、ブラフマーの顔が複数になったとされています。

なお、日本でブラフマーは梵天として知られています。仏教に取り入れられたブラフマーは仏法の守護神として信仰されるようになったのです。

ヴィシュヌ

青黒い肌に４本の腕をもつ姿で表されるヴィシュヌ。この神はブラフマー、シヴァと並ぶインド神話の最高神です。

インド最古の聖典『リグ・ヴェーダ』では、あまねくものを輝かせる太陽を神格化したものでしたが、のちに世界を維持して修復する神として位置づけられるようになりました。

ヴィシュヌの最大の特徴は、人々を救うためにさまざまな姿に化身することです。『ラーマーヤナ』のラーマ王子、『マハーバーラタ』の英雄クリシュナ、さらには仏教を開いたブッダまでもが、ヴィシュヌの化身とされているのです。

現在のヒンドゥー教はヴィシュヌ派とシヴァ派に大きく分かれており、ヴィシュヌ派の聖典ではブラフマーとシヴァがヴィシュヌから生まれたことになっています。ブラフマーが水上で眠るヴィシュヌのヘソから生えた蓮の花から生まれた後、シヴァがヴィシュヌの額から生まれたとされています。インド神話の物語は聖典によって内容が変わってくるのです。

シヴァ

ブラフマーが創造神、ヴィシュヌが維持神ならばシヴァは破壊神です。

　その姿は首が青黒く、蛇を巻きつけ、額に第3の眼をもち、頭上に三日月と天から降下したガンジス川を頂くとされています。坐禅を組んで瞑想している姿もよく目にします。

　ほかの神々のように派手なアクセサリーを身につけていないのは、神話におけるシヴァはヒマラヤ山中で苦行を続ける修行者だからです。

　世界の終末が近づくと、新しい世界を創造するために破壊する恐ろしい神ですが、慈悲深い一面ももっています。その一面については嵐神ルドラとの関連性が指摘されます。

　ルドラは暴風雨によって人々に被害を与える一方、雨を降らせて恵をもたらします。この嵐神と同一視され、二面的な性格が引き継がれたと考えられています。

　なお、シヴァを崇拝するシヴァ派は、現在のヒンドゥー教においてヴィシュヌ派と並ぶ有力な一派となっています。

パールヴァティー

パールヴァティーは破壊神シヴァの妃です。ヒマラヤの娘、ガンジス川の女神ガンガーの姉妹で、シヴァの力の源泉とされています。

　もともとシヴァにはサティーという妻がいました。サティーがシヴァに恋して2人は結ばれましたが、彼女の父はヴィシュヌを信仰しており、娘の結婚を認めませんでした。絶望したサティーは、とうとう炎のなかに身を投げてしまいます。

　シヴァがサティーの亡骸を抱えて世界を放浪していると、見かねたヴィシュヌが亡骸を切り刻み、シヴァの目を覚まさせます。バラバラになったサティーの亡骸は地上に落ち、それぞれが女神となりました。その女神のひとりがパールヴァティーだったのです。

　再び夫婦となったシヴァとパールヴァティー。パールヴァティーは穏やかな微笑みを浮かべた姿で描かれることが多いです。ただし、戦いの女神ドゥルガーや殺戮の女神カーリーと同一視され、シヴァ同様、二面性をもっていることがわかります。

クリシュナ

クリシュナは維持神ヴィシュヌの8番目の化身で、インド神話の神のなかでも最も人気の高い神のひとりです。

もともとクリシュナは、古代ヤーダヴァ族の精神指導者であったとされています。その勢力を取り込もうと、バラモン教がヴィシュヌの化身としたことにより、信仰されるようになりました。

ハンサムなうえに笛がうまく、すべての女性が恋に落ちるほどであったそうです。

クリシュナのエピソードはさまざまなものがありますが、マトゥラー国の悪王カンサ退治がよく知られています。

妹の子に殺される――。そう予言されたカンサは、妹が生んだ子どもを次々と殺害していました。そうしたなか、クリシュナはカンサの妹の子として生まれ変わります。

カンサはクリシュナにも刺客を送ってきますが、クリシュナはそれをすべて成敗しました。そして都に招かれた際にカンサを討ちとったのです。

クリシュナはこうした英雄譚を多数もち、多くの信仰を得ているのです。

ラーマ

ラーマは『ラーマーヤナ』の主人公です。クリシュナの7番目の化身で、法と正義を守る高潔な人物とされています。弓の名手だったため、弓を手にした姿で描かれることが多いです。

コーサラ国の王子であるラーマは、民衆に慕われていましたが、その人気の高さや高潔さが嫉妬につながり、国を追放されてしまいます。

国外を放浪中、ヴィデーハ国を訪れたときに、ジャナカ王の娘シーターと出会い、恋に落ちました。そしてシーターの婿選びの儀式では、ラーマひとりだけがシヴァの弓をもち上げて引くことができ、晴れてシータと結婚します。ところが、そのシーターを魔王ラーヴァナにさらわれてしまうのです。

ラーマはシーター探しの旅に出発。猿の神ハヌマーンの協力を得てラーヴァナを倒し、シーターを取り戻しました。しかし、ラーマはシーターの貞操を疑い、離婚してしまうのです。

その後、2人は再会しますが、シーターは潔白であれば大地が呑み込んでくれると言い残し、大地の割れ目に姿を消しました。

ラーマにまつわる物語としては、さらわれた妻シーターを救うため、魔王ラーヴァナと戦う冒険譚が古くから親しまれてきました。

Chapter 5

エジプト神話

神秘と謎に満ちた
古代エジプトの伝承

エジプト神話の概観

悠久の古代文明から生み出された エジプト世界の神秘を描く

●エジプト文明が神話を生んだ

紀元前3000年頃からエジプトのナイル川流域で、エジプト文明が栄えました。歴史家ヘロドトスが「エジプトはナイルの賜物」と残したように、ナイル川は荒涼とした砂漠地帯を流れ、その周囲の土地を豊穣にし、豊かな文明を生み出したのです。

その文明のなかで生まれ、語り継がれてきたのがエジプト神話です。古代エジプトでは象形文字が発達しており、ピラミッドの壁面に書かれたピラミッド・テキストや、死者とともに埋葬された「死者の書」と呼ばれる葬祭文書などから、エジプト神話の世界が明らかにされてきました。

エジプト神話は、全体としてひとつにまとまっているわけではありません。そもそも古代エジプトはナイル川上流の「上エジプト」、下流の「下エジプト」で環境が異なり、地方や部族ごとに多くの神々がつくられました。それが紀元前3000年頃、ナルメル王によって統一されると、神話も次第にまとまっていき、神話が成立した年代や地域によって体系化されるようになりました。

●エジプト神話の4体系

最古の神話とされるのが、下エジプトの都市ヘリオポリスでつくられたヘリオポリス神話です。それに対抗する形で、古王国時代の首都メンフィスでメンフィス神話がつくられました。

一方、上エジプトではヘルモポリスが神話の拠点となり、ヘルモポリス神話が生み出されます。さらに新王国時代の首都テーベでテーベ神話が誕生。これが最も新しい神話です。

どの神話でも、主に天地創造と神々の誕生が語られます。エジプト神話で登場する神の特徴といえば、鷹やハヤブサ、犬やカバなど、人間の体に動物の頭をもつ者が多いことです。ナイル川流域に生息していた動物たちを神として崇めたところに、恵みの川に対する古代エジプト人の思いを見てとることができます。

エジプト神話の舞台

地中海
デルタ地帯
下エジプト
ヘリオポリスとは「太陽の都」の意味で、エジプト最古のヘリオポリス神話がつくられた。太陽信仰の中心地となり、太陽信仰の神殿が建設された
ヘリオポリス
ギザ
カイロ
メンフィス
ヘリオポリス神話に対抗する形でつくられた。水から生まれた8神が最高神の座に着く
ヘリオポリス、メンフィスに続く神話の拠点。ホルスとヘルモスの2神に捧げられた2つの町があった
ナイル川
ヘルモポリス
紅海
上エジプト
テーベ（ルクソール）
新王国時代を中心に、たくさんの神話がつくられた。都市の守護神であるアメン信仰がさかんであった
エジプト神話の神は、人間の体に動物の頭をもつ者が多い
ナセル湖

ヘリオポリス九柱神

太陽の神ラーを筆頭に天地創世に関わった9柱の神々

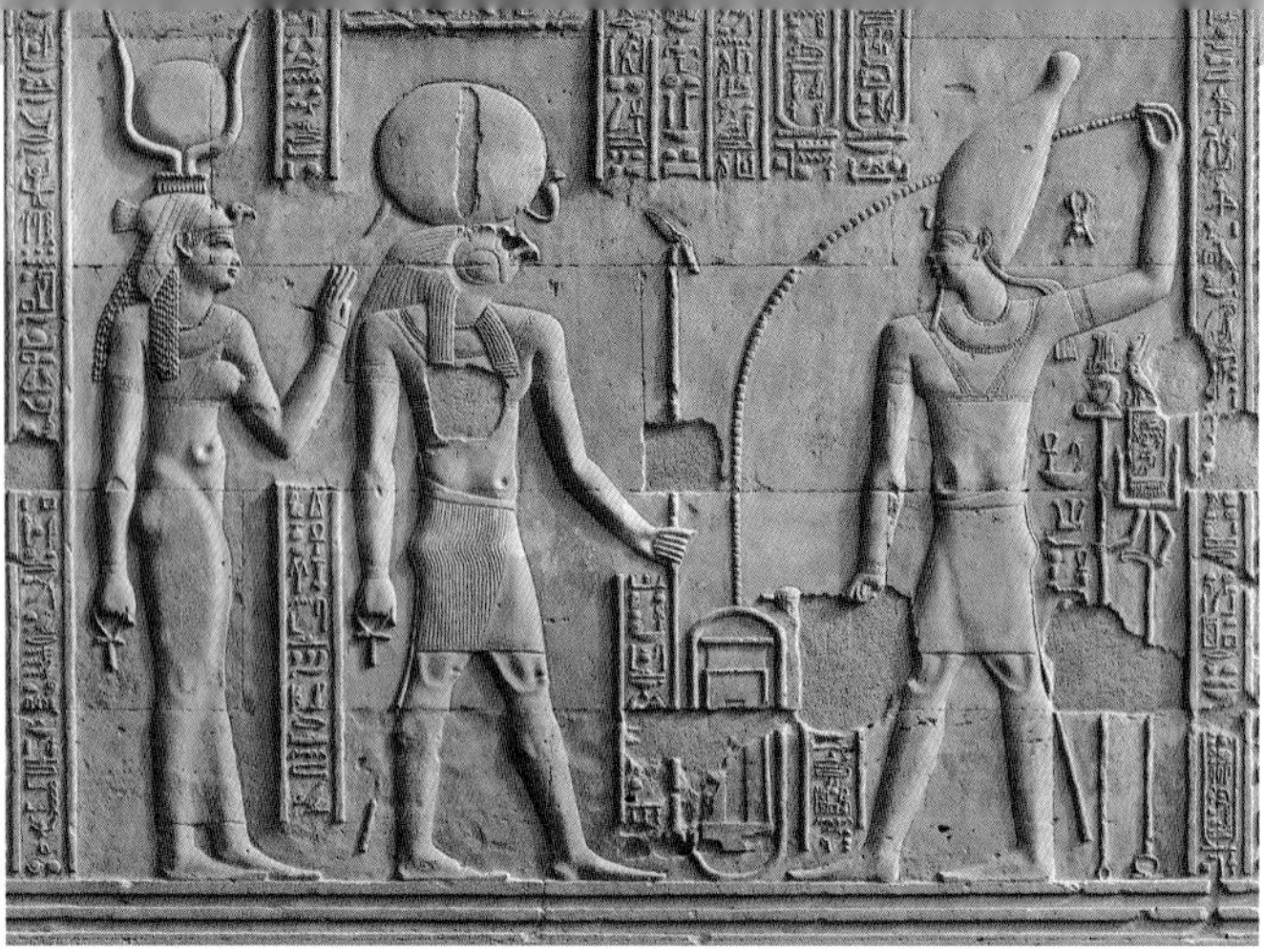

ヘリオポリス九柱神の頂点に君臨する太陽の神ラー（中央）

●海のなかからラーが登場

エジプト神話に登場する神々のなかで、とくに重要なのがヘリオポリス神話で語られる9柱の神々です。

ラー、シュー、テフヌト、ゲブ、ヌート、オシリス、イシス、セト、ネフティスがその面々で、ヘリオポリス九柱神やエジプト九柱神、エネアドなどと呼ばれています。

ヘリオポリス九柱神は世界の創世に関わりました。

最初に登場するのは太陽の神ラー。ハヤブサまたは鷹の頭をもち、その上に太陽を表わす円盤を乗せた姿で描かれる最高神です。ラーは自ら名前を唱え、果てしない海から姿を現します。

ラーがくしゃみをすると、鼻から大気の神シューが生まれ、唾から湿気の女神テフヌトが生まれました。

その後、ラーはシューとテフヌトを海の彼方へ旅立たせると、両者の間に大地の神ゲブ、その妻となる天空の女神ヌートが生まれます。

さらにゲブとヌートの間に冥界の神オシリスと豊穣の女神イシス、葬祭の女神ネフティス、戦争の神セトも生まれました。

これがラーを頂点とするヘリオポリス九柱神の誕生経緯です。

●人間はラーの涙から生まれた

ラーは神々だけでなく、世界や人類

ヘリオポリス九柱神

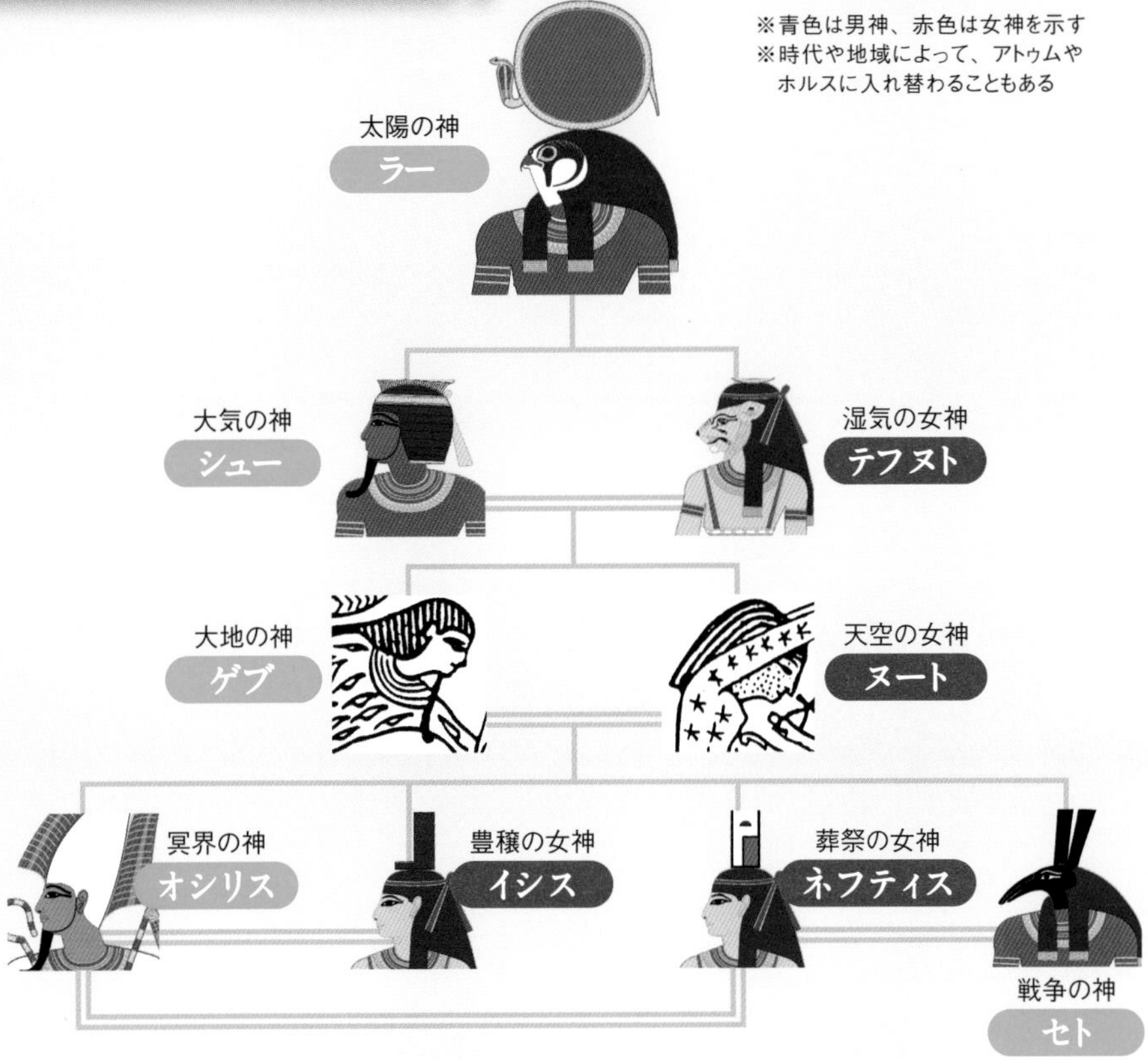

※青色は男神、赤色は女神を示す
※時代や地域によって、アトゥムやホルスに入れ替わることもある

の誕生にも関わっています。

シューとテフヌトが旅立った後、ラーは海を後退させ、原初の丘を出現させました。その丘に立ち、植物や動物の姿を思い浮かべ、名前を唱えると、海のなかから植物や動物が次々と現れたそうです。

一方、ラーはシューとテフヌトの帰りが遅いのを心配しており、ようやく帰ってくると、たくさん涙を流して喜びました。その涙から人間が生まれたとされています。

しかし、ラーが老いてその権威が衰えてくると、人間が敵になると思い込むようになります。そして地上の統治を放置してほかの神に託し、自らは天上の世界にのぼろうとしました。その際、ラーの体をヌートが支え、その下からシューが支えたことで、太陽や空、大気、地面などの位置が決まったとされています。

オシリスと冥界

豊穣をもたらす穀物の神が冥界の神となった理由とは？

冥界の神として死者の審判を監督しているオシリス（右端）
『フネフェルの審判』

●若くて美しいオシリスの善政

太陽の神ラーに代わり、地上の世界の王となったのがオシリスです。

オシリスは大地の神ゲブと天空の女神ヌートの間に生まれた神で、ラーのひ孫にあたります。手にした穀竿はかつて穀物の神であったことを表し、上半身が包帯でぐるぐる巻きにされているのは死を司る冥界の神であることを示しています。

オシリスは父のゲブから後継者として指名されると、地上に降り立ち、妹のイシスを妻に迎えて初代のエジプト国王（ファラオ）として国を統治することになりました。当時はラーの権威が弱まり、国が荒れていたため、人々は若くて美しいオシリスに期待しました。

その期待に応え、オシリスは小麦の栽培やパン、ワインの製造法を教え、国を豊かにしていきます。穀物の神の本領発揮といえるでしょう。さらに法律をつくるなどして善政を敷いたため、人々から絶大な支持を得ました。

●2度も死を経験して冥界の神に

ところが、オシリスを妬み、殺害を企てる者がいました。弟である戦争の神セトです。

セトは棺をつくり、宴の席で「この棺を体が合う人に差し上げよう」と告げます。実は宴の参加者はみな共謀者で、順番に棺に入りますが、誰ひとりとして大きさが合いません。ようやくぴったりおさまったのは、オシリスの体でした。

オシリスが棺から出ようとした瞬間、セトと仲間たちはふたを閉め、そのままナイル川に投げ込んでしまいます。謀略成功です。

これを知った妻のイシスは急いで棺を回収し、なんとかオシリスを蘇生させました。しかし、セトもあきらめません。セトは今度はオシリスの体を14の断片に切り刻み、川にばらまいて復活できないようにしたのです。

それでもイシスはバラバラになった夫の体を苦心してかき集めると、包帯を巻いてつなぎ合わせ、ミイラの姿に復元しました。これがエジプト初のミイラとされています。

イシスがさまざまな呪文を駆使してオシリスを生き返らせると、オシリスはイシスがナイル・デルタで生んだ息子のホルスに地上の支配権を譲ります。そして自らは冥界へ向かい、死者の魂を裁く、死と再生を司る冥界の神となりました。

こうした逸話から、オシリスは古代エジプトの死生観に大きな影響を与えたとされています。

●オシリスの息子ホルスの復讐

オシリスに後を託された息子ホルスは、ナイル・デルタでイシスに育てられ、青年へと成長します。そして神々に対して、自分には王位継承の権利があると訴えました。

この訴えを智恵の神トートは認めましたが、父の仇である叔父のセトは認めません。それどころか、セトは直接対決で白黒をはっきりさせようともちかけてきたのです。

ホルスはセトの誘いに乗り、カバに

古代エジプトの葬祭文書『死者の書』には、ミイラの製作法も記されています

オシリスの家族。オシリスを中央に、左側にホルス、右側にイシスが並んでいます

姿を変えて川に潜り、先に陸に上がった方を負けとする戦いで決着をつけることにしました。

なんとしても息子を勝たせたいイシスは、釣り針をたらしセトを釣り上げようとします。しかし、セトから「同じ母から生まれた仲ではないかと」といわれ、動揺して針を外してしまいました。するとホルスは裏切られたと思い込み、イシスの首をはねてしまったのです。ただし、のちにイシスは復活します。

●ホルスが父の仇を討つ

母殺しの罰として、ホルスはセトにより両目を奪われます。しかし、愛と美の女神ハトホルの治療を受け、窮地を脱しました。このハトホルはホルスの妻ともいわれています。

そうしたなか、神々はホルスとセトを和解するよう説得。2人はその場で

古代エジプト第18王朝ツタンカーメン王の棺。彼もホルスの血を引いていることになります

は仲直りしたように振る舞いました。しかし、セトは本心ではホルスを許すつもりなどなく、謀略をめぐらせていたのです。

セトは「船で競争しよう」とホルスを誘います。セトが石で船を作ったのに対し、ホルスは木製の船を漆喰でかためて石のように見せかけました。

そして、いざ競争開始。セトの船はすぐ沈んだため、勝負あったかと思われましたが、セトはカバに変身してホルスを水中に引きずり込んで殺そうとしました。ホルスも必死で耐え、船の上から槍でセトを攻撃して勝利をおさめ、父の仇を討ちました。

その後、トートがオシリスに相談すると、ようやくホルスの王位継承が認められ、ホルスは2国、つまり上下エジプトの王になったとされています。

実は、この神話は史実をもとにしたものと考えられています。ホルスはエジプト第一王朝（前3100年頃～2890年頃）のナルメル王の象徴ではないかというのです。ナルメル王はもともと上エジプトの王で、下エジプトを倒してエジプトを統一しました。その歴史を反映した神話である可能性が高いのです。

実際、この神話からエジプトの王はホルスの血を引いているとみなされ、支持されてきました。

Column　神話の舞台

ナイル川（エジプト）

氾濫を繰り返し、流域に豊穣をもたらしてきたナイル川。そのため、古代エジプトでは神聖視され、さまざまな神話の舞台になってきました。

死後の世界・イアル野

古代エジプト人の来世を決める冥界の神オシリスの審判

死者の行き先は心臓の重さによって決められました

●死後もミイラとして生きる

古代エジプト人は、人間は体が死んでも霊魂が復活し、楽園でもとの肉体に戻って生前と同じような生活を送ることができると信じていました。エジプトで心臓だけを残した状態のミイラがつくられたのは、そうした神話にもとづく世界観によるものです。

エジプト神話が語る死後の世界については、墓の壁画や『死者の書』という葬祭文書に書かれています。

それによると、死者が生前と同じような生活を送る世界は、イアル野と呼ばれる楽園です。

イアル野のある場所は砂漠の向こう、天空、地下など時代によって異なりますが、樹木が生い茂り、たくさんの収穫が得られるところという点では共通しています。

広大な砂漠に囲まれたエジプトの人々にとって、緑豊かな楽園は理想郷として映ったのでしょう。

●オシリスの審判で死後が決まる

ただし、誰もが楽園に行けるわけではありません。

死者の魂はまず冥界の神オシリスのもとへ行き、生前の行いに対する審判を受けます。審判で許された善良な人だけが楽園に行くことができるのです。

裁きの間では、オシリスとエジプト各州の42柱の守護神に対して、「人殺

エジプト神話の死後の世界とされるイアル野。緑豊かな楽園です

し」「盗み」「詐欺」など生前の罪や悪行を否定し、「自分が正しい人間であった」と告白します。

その後、告白が本当かどうか、死者の心臓と正義の女神マアトの羽を天秤にのせ、心臓の重さを量る審判が行われます。心臓が羽と釣り合う、あるいは羽より軽くなると善良な人とみなされ、オシリスから楽園へ行く許しが出ます。

一方、嘘の告白をすると、心臓が羽より重くなって罪人とみなされ、ワニとライオン、そしてカバの合成怪物である怪物であるアメミットに心臓を食べられ、トゥアトと呼ばれる地獄に落とされます。これは魂の死であり、来世で生きる望みを絶たれたことを意味します。

なお、このオシリスの審判がユダヤ教やキリスト教などの最後の審判のルーツになったと考えられています。

ラー

エジプト神話の神々のなかで、最もよく知られているのが太陽の神ラーでしょう。

ヘリオポリス神話では万物の創造神にして、生命の源とされ、シューやテフヌトを誕生させました。

太陽神としてのラーは、昼は太陽の船に乗って天空を東から西へ移動し、夜は天空の女神ヌートの体内を通って東へ戻ってくると考えられていました。そのため、ラーはハヤブサまたは鷹の頭をもち、その上に太陽を表す円盤を頂いた姿で描かれることが多いのです。

また、ラーは王権の創造者で、最初の王ともみなされたことから、歴代の王は「ラーの息子」と称しました。そうすることによって、神々の子孫であると位置づけ、王権の正統性を示したのです。しかし時代が下ると、ラーは年老いて力が衰えた神と軽んじられるようになります。そして最後は、知恵と月の神トートにその地位を譲り、去っていきました。

オシリス

オシリスはラーやホルスと並ぶエジプト神話の重要な神です。冥界の支配者、死と復活の神とされ、人間またはミイラとして表わされることが多いです。

その起源は穀物の神であったと考えられています。ナイル川の増水の神ともされていたようです。それが死と復活の神に変化した背景には、オシリス神話がありました。

オシリス神話におけるオシリスは、大地の神ゲブと天空の女神ヌートの子で、エジプトの王（ファラオ）となって善政を行ないました。しかし、嫉妬した弟セトの謀略によって体をバラバラにされてしまいます。

やがてオシリスの妹で妻のイシスが呪術を用いて夫を復活させると、息子のホルスが仇討ちを果たします。その後、オシリスは冥界へ赴きました。

このエピソードが王権と結びつくと、オシリスの冥界の王としての立場が確立されたのです。『死者の書』のなかで、オシリスは死者の魂を天秤にかけて審判を行う者として描かれています。

イシス

冥界の王オシリスの妻であり、ホルスの母がイシスです。頭に名前のヒエログリフを頂き、古典的なエジプトの衣装をまとった姿で一般的に描かれます。

もともとはナイル川・デルタのペル・ヘベットで信仰されていた豊穣の女神で、ナイルの豊かな土壌を象徴する存在でした。それがオシリス神話で大きく性格を変えます。

イシスは大地の神ゲブと天空の女神ヌートから生まれ、兄のオシリスと結婚します。そしてオシリスがセトに殺されると、その遺体を集めてミイラにして蘇生させ、息子のホルスに仇討ちをさせました。そこから、死者の守護神、医薬神として崇められるようになったのです。

また、イシスはエジプト神話の神々のなかで最も強い呪力のもち主ともされています。その呪力はあまりにも強力で、太陽の神ラーでさえ、弱点である真の名前を告げざるをえないほどでした。

イシス信仰はエジプト国外にも伝わり、帝政期のローマではイシス神殿が栄えました。

ホルス

ホルスはエジプト最古の神の1柱で、太陽神、王権の守護神です。ヘリオポリス神話では太陽の神ラーの息子とされていますが、オシリス神話ではオシリスとその妹で妻のイシスの息子とされています。

大空を高く飛ぶハヤブサをイメージした天空の神を起源とすることから、ホルスはハヤブサ、あるいはハヤブサの頭をもつ人間の姿で表されます。

のちに天空の神としてのホルスが太陽神と融合すると、ラー＝ホルアクティとして崇拝されはじめ、やがてエジプト国外にも拡大。ギリシアではギリシア神話の太陽神アポロンと同一視されるようになりました。

また、オシリス神話では父オシリスを殺した叔父セトとの王権争いが伝えられています。ホルスはセトに両目をえぐりとられてしまいますが、王位継承を認められ、上下のエジプトの王となりました。

こうした経緯から、エジプト王（ファラオ）はホルスの血を引く者と考えられ、多くがホルス名をもつようになったのです。

ハトホル

古代エジプトでイシスの次に広く崇拝された女神として、ハトホルをあげることができます。

ハトホルは7つの姿をもつといわれますが、雌牛の角と太陽円盤を頭上に頂いた姿で表されることが多いです。ギリシアでは愛と美の女神アプロディテと同一視されました。

ハトホルは次のような終末神話に登場します。

あるとき太陽の神ラーは、人類を滅ぼすため、ハトホルを地上に遣わしました。しかし、ラーは人類を哀れに思い、直前に考え改めて、ハトホルの好きなビールを野原一面にまきます。ハトホルは地面に降り立つと、ビールを飲んで酔いつぶれたため、人類は滅亡の危機をまぬがれたというのです。

ちなみに、古代エジプトではビールを発見したのはオシリスで、醸造工程を発明したのはハトホルだとされています。ビールは日常的に飲まれるだけでなく、儀式では神殿に供えられることもありました。

アメン

大気・豊穣の神アメンは、頭上にダチョウの羽をのせた姿で表されます。名前は「隠れた者」という意味で、その名のとおり本当の姿と本名は明かされませんでした。

最初は上エジプトのテーベ一帯で信仰されていた地方神でしたが、この地の豪族がエジプトの王（ファラオ）となったことから国家神へと昇格します。

さらにアメンは太陽の神ラーと習合し、アメン・ラーとして崇拝されるようになりました。そして新王国時代には最高神としてまつられ、ファラオの権勢をしのぐほどの絶頂期を迎えます。そこから、ギリシアでは最高神ゼウスと同一視されることもありました。

王権の低下を危惧したファラオのアメンホテプ4世がアメン信仰をやめ、アテン神を主神にまつりあげたこともあります。しかし、それも一代で終わり、ツタンカーメン王の時代にアメン信仰に戻りました。のちにエジプトを征服したアレクサンドロス大王は「アメンの子」と名のっています。

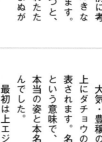

Chapter

6

メソポタミア神話

『ギルガメシュ叙事詩』に代表される
最古の神話群

メソポタミア神話の概観

多様な民族が紡いだ聖書やギリシア神話のルーツ

●メソポタミア文明が生んだ神話

紀元前3000年頃、チグリス川とユーフラテス川に挟まれた地域に、世界四大文明のひとつに数えられるメソポタミア文明が誕生しました。その文明のなかでつくられたのが、世界最古の神話といわれるメソポタミア神話です。

神話の最初の担い手は、文明を築いたシュメール人。彼らは世界最古の文字とされる楔形文字で粘土板に物語を刻みました。やがてシュメール人はアッカド人の侵略を受けますが、アッカド人はシュメール文化を吸収し、神話や神名を自分たちの言葉に変え、ほぼそのままの形で受け継ぎました。そのため、シュメール系の神話とアッカド系の神話は多くが重複することになったのです。

そんなメソポタミア神話の特徴のひとつは悲観的で現実的なこと。死についても合理的に考えられており、死後の世界も重視されていません。それはシュメール人がアッカド人に侵略されたように、支配者がめまぐるしく変わる土地柄であったことが影響しているとも考えられています。

●世界各地の神話の原型に

もうひとつ、世界各地の神話の原型になった逸話が多いこともメソポタミア神話の特徴です。

たとえば創世神話の『エヌマ・エリシュ（神々の戦い）』。旧世代の神と新世代の神が争い、チグリス川とユーフラテス川が生まれ、バビロンが建設されたというエピソードは、『旧約聖書』の天地創造に影響を与えています。ギリシア神話のティタノマキアとの関連性もうかがえます。『アトラハシス物語』は洪水で人間を滅ぼすことにした神が、アトラハシス一家だけを船に乗せて破滅から守るという物語で、世界の洪水神話の原型といえます。

メソポタミア神話はキリスト教やイスラーム教の拡大にともない忘れられてしまいましたが、その物語は各方面に影響を与えていたのです。

メソポタミア神話の舞台

メソポタミア神話の神々の系譜

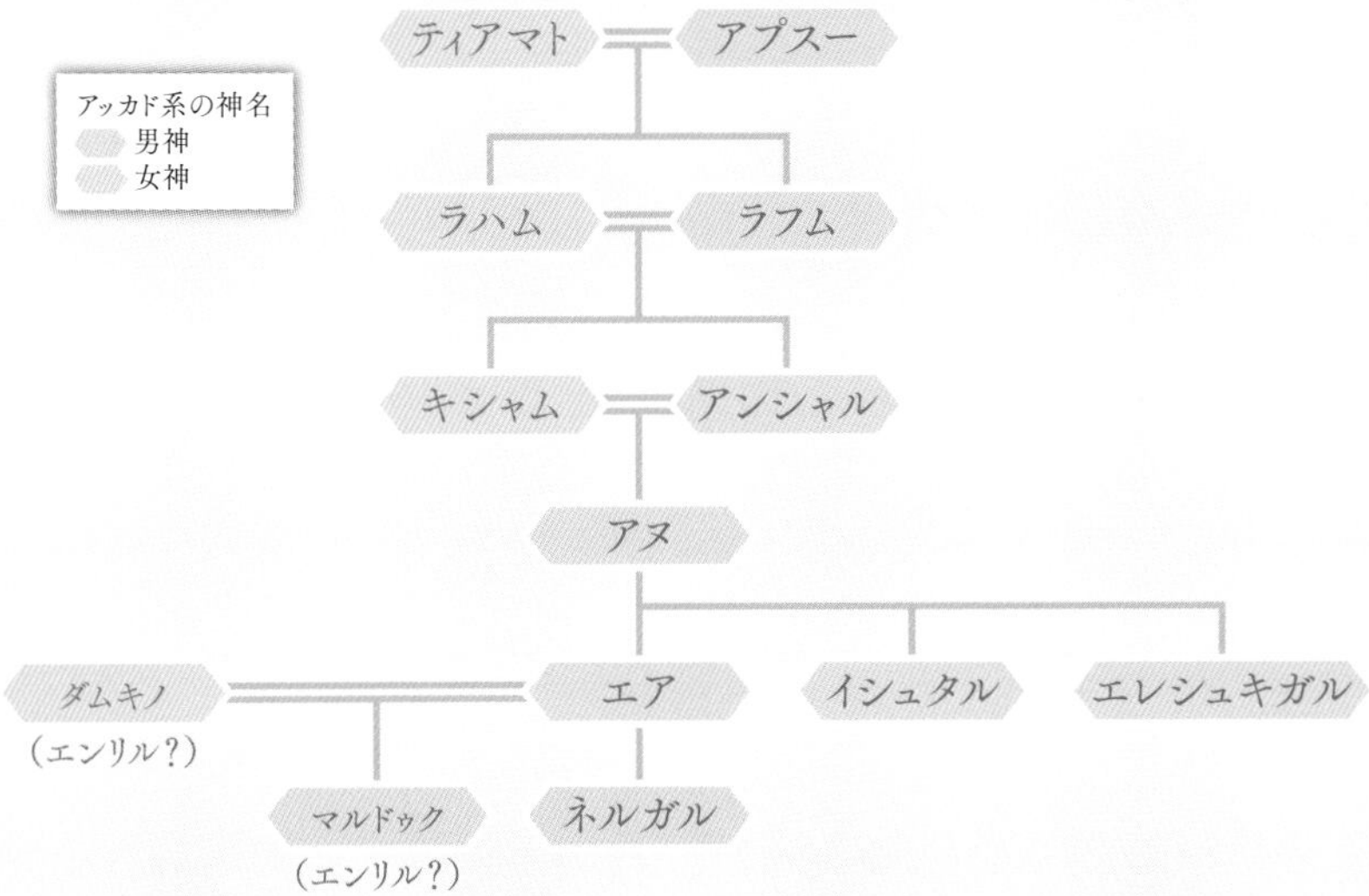

ギルガメシュの大冒険

半神半人の荒ぶる王が理解した友情、生と死、そして信頼

天の牡牛を退治するメソポタミア神話の英雄ギルガメシュ

●無二の親友との出会い

メソポタミア神話最大の英雄といえば、ギルガメシュをおいてほかにいません。ギルガメシュは現存する最古の文学作品といわれる『ギルガメシュ叙事詩』の主人公で、紀元前2600年頃に栄えたウルク第一王朝に実在した王をモデルにしたと考えられています。

神話のなかに登場するギルガメシュは、人間の王と女神ニンスンとの間に生まれた半神半人です。3分の1が人間、3分の2が神とされています。神の血が濃いからか、人並外れた力をもち、当初はその圧倒的な力を住民に対して無軌道に振りまわす暴力的な王でした。

この横暴な王に手を焼いた神々は一計を案じ、抵抗勢力を差し向けることにします。女神アルルが粘土でエンキドゥという怪力の野人をつくり、ギルガメシュと対決させたのです。

ギルガメシュとエンキドゥは互角に戦い、なかなか勝負がつきません。しかし、ギルガメシュは取っ組み合いを続けるなかで、自分が無敵でないことを思い知らされ、エンキドゥの力を認めます。一方のエンキドゥもギルガメシュを認め、2人はかたい友情で結ばれました。

●エンキドゥの死

その後、ギルガメシュとエンキドゥは冒険の旅に乗り出します。

まず太古の杉の森に行き、怪獣フンババを征伐。次に神々が送り込んできた天の牡牛とエンキドゥが相対しました。牡牛は、ギルガメシュに求愛を断られた愛と美の女神イシュタルが、怒りのあまりウルクの町に放ったものでした。その牡牛に苦しめられているウルクの人々を気の毒に思ったギルガメシュとエンキドゥは、牡牛の目をつぶし、見事に退治します。しかし、これが悲劇のはじまりとなってしまいます。

神々は自分たちの所有物を殺害されたことを重罪とみなし、エンキドゥに死を宣告しました。それによってエンキドゥは熱病に冒され、ギルガメシュに看取られながら息を引きとったのです。

●不老不死を求めて

親友を失ったギルガメシュは、自分もいつか死ぬということに気づかされ、ひどく動揺します。死を恐れるあまり、ついには不老不死、永遠の命を求めて旅に出ることにしました。

ギルガメシュが向かった先は、不死

ギルガメシュとエンキドゥの戦い。この後、2人は互いに認め合い、親友になりました

メソポタミアの宮殿跡で発見された像。エンキドゥ、あるいはギルガメシュがモデルとされています

を手に入れたというウトナピシュティムのもとでした。ギルガメシュは彼に出会うやいなや、不死の秘密を尋ねます。

　ウトナピシュティムによると、全知全能の水神エアの指示に従って方舟をつくり、家族や動物を乗せて洪水をやり過ごしたところ、不死を授かったとのこと。『旧約聖書』のノアの方舟を思わせる内容で、これが同書の洪水伝説の起源となったともいわれています。

　大洪水は6日6晩にわたり続いたといいます。そこでギルガメシュは6日6晩、眠らずに起き続けて過ごすという試練に挑みました。しかし睡魔には勝てず、一瞬だけ目を閉じたつもりが、6日間も眠り続けてしまい、不老不死の力を手に入れることはできなかったのです。

　それでもギルガメシュは、どうしても永遠の命をあきらめられません。見かねたウトナピシュティムは、「冥界の池の底に生えている若返りの草を食べれば若いままでいられるだろう」と教えるのでした。

●死を受け入れたギルガメシュ

　ギルガメシュはウトナピシュティムの助言に従って冥界へ赴き、若返りの草を手に入れました。しかしその帰途、泉で水につかっている間に、若返りの草をヘビに掠めとられてしまったのです。

　ここに至り、ギルガメシュは死から逃れることはできないと悟りました。そして自分の運命を静かに受け入れ、終わりのある命を生きることを決意しました。

　ちなみに、このエピソードは人間にとって不老不死や永遠の命はありえず、誰しも歳をとり、いつしか死を迎えるという運命を示すものともいえます。また、ヘビなどの爬虫類が脱皮して若返ったように見えるため、ヘビは死と再生の生き物とみなされるようにもなりました。

洪水伝説は世界各地の神話に共通するテーマですが、そのルーツは『ギルガメシュ叙事詩』のウトナピシュティムの物語ではないかと考えられています

『大洪水』作者不明

その後、ウルクへ戻ったギルガメシュは、若い頃の暴虐の限りを尽くした君主像が嘘のように、慈悲深く人望のある支配者になりました。

やがてギルガメシュも年老いて死に至ることを知ると、国民は大いに嘆きました。国王として人生をまっとうしようとするギルガメシュは、死んで嘆かれる者となったことを慰めとして世を去ったのです。

Column　神話の舞台

ウルク（イラク）

イラク南東部に位置するウルクは、メソポタミア文明の古代都市です。現在は遺跡が残されており、ギルガメシュが周囲 10km に及ぶ城壁を築いたなどという伝説が語り継がれています。

メソポタミア神話

イシュタルの冥界下り

天界の妹神と冥界の姉神による哀しい諍いの顛末は？

メソポタミア神話のファム・ファタル、イシュタル（エレシュキガル説も）

●イシュタルは魔性の女

神話には、男を誘惑して手玉にとっては破滅に導くファム・ファタル（運命の女、魔性の女）が登場することが少なくありません。メソポタミア神話では、イシュタルがそれに相当します。「冥界下り」のエピソードで知られる愛と美の女神です。

あるときイシュタルは、冥界の女王をつとめる姉のエレシュキガルに会いに行こうと、天界から地下の世界に降りていきます。

冥界にたどりつくまでには7つの門があり、門を通るたびに、それぞれの門の番人によって衣服や装飾品をはぎとられてしまいます。王冠にはじまり

イシュタルなどが描かれているイシュタル門のレプリカ。紀元前575年に新バビロニアのネブカドネザル2世によって建設されました

イヤリング、ネックレス、帯、ブレスレットとアンクレット、最後は腰布まで奪われ、エレシュキガルのもとに着くまでに全裸の状態になっていました。

イシュタルの妖艶な姿はいかにも魔性の女を思わせますが、姉のエレシュキガルは妹の美しさに嫉妬したのか、彼女を冥界に閉じ込めてしまいます。

豊穣の女神でもあるイシュタルがいなくなったことにより、地上ではあらゆる生殖活動が止まってしまいました。困った神々は、イシュタルのかつての愛人ドゥムジを身代わりに冥界へと送ります。

こうしてイシュタルは、地上へと戻ることができたのです。

●シュメール神話のイナンナ

イシュタルの冥界下りはメソポタミア神話におけるアッカド神話に属する物語ですが、それ以前につくられたシュメール神話にも同じ物語があり、少し違った形で伝えられています。

シュメール神話ではイシュタルではなくイナンナといいます。天界とともにエレシュキガルが治める冥界も支配しようとする野心家でした。

イナンナも7つの門の番人に衣服や装飾品を奪われ、裸で姉のもとへたどりつきます。そこで姉から「死の目」で見られると、イナンナは死んでしまいました。

神々がイナンナの死体を取り戻し、生命の水と草をかけると、イナンナは復活します。すると夫のドゥムジは、イナンナによって人質として冥界に送り込まれたのです。

このようにアッカド神話とシュメール神話では差異もありますが、イシュタル（イナンナ）とエレシュキガルが神の正反対の側面を象徴している点は共通しています。

マルドゥク

　マルドゥクはバビロニア神話の英雄神です。水の神エアの長子で、地下の海神アプスの主とされています。つまり、水を人格化した神といえるでしょう。その名がシュメール語で「太陽の若き牡牛」という意味であることからわかるように、農耕の神としての性格ももち合わせていました。

　当初、マルドゥクは古代バビロニアの地方神でした。しかし、ハンムラビ王の時代にバビロンが勢力を高めると、シュメール発祥のエンリルにとって替わり、バビロニアの最高神となったのです。

　マルドゥクは創造の神でもあります。原初の海の女神ティアマトと戦い、4つの風を操って体を引き裂きます。そして、その体から天とメソポタミアの山々をつくったとされています。メソポタミアの命脈たるチグリス川とユーフリテス川も、ティアマトの涙からできたと伝えられています。その後、ティアマトの子の血で人間をつくり、人間たちのためにバビロンを築いたとされています。

ギルガメシュ

　古代バビロニアの文学作品『ギルガメシュ叙事詩』。その主人公がギルガメシュです。

　ウルク第一王朝に実在した王をモデルにした英雄と考えられていますが、神話のなかでは半神半人の王とされています。体は筋骨隆々でたくましく、容姿も優れていたそうです。

　ただし傲慢な性格で、民衆に過酷な労働を強いる暴君でした。しかし、のちに大の親友となるエンキドゥと戦って改心し、怪獣フンババ退治などで活躍しました。

　その後、エンキドゥが神々によって殺害されると、ギルガメシュは死を恐れるようになり、不老不死、永遠の命を求めて旅に出ます。結局、永遠の命を手に入れることはできませんでしたが、さまざまな試練に挑むなかですべてを悟ったギルガメシュは、死を受け入れます。そして心を入れ替え、民衆思いの名君へと成長したのです。

　なお、その死について神話では語られることなく、126年間も統治を続けたことが伝えられています。

エンキドゥ

エンキドゥは、メソポタミア神話の英雄ギルガメシュの無二の親友です。

エンキドゥは粘土から生み出されました。「自分にかなうものはない」と横暴に振る舞うギルガメシュを戒めるため、天の神アヌは、ギルガメシュと同等の力をもつ者をつくるよう女神アルルに命じます。それを受けたアルルは粘土をこね、全身が毛に覆われた獣のような野人をつくり出したのです。

その後、エンキドゥは野人から人間の姿に変化します。ある狩人が神殿の娼婦を連れてくると、エンキドゥは彼女と7日6晩交わり続けました。その結果、エンキドゥの体から毛が抜け落ち、すさまじい力と引き換えに知性を手に入れ、まともな人間となったのです。

やがてギルガメシュと激しく戦うなかで互いに認め合い、親友となります。神々の命で死を与えられ、12日間病気で苦しんで亡くなってしまいますが、その死によりギルガメシュの死生観を変えたという意味において、重要な役割を果たしたのです。

イシュタル

イシュタルはバビロニアで崇拝されていた女神です。アッカド系神話ではイシュタルといいますが、シュメール系神話では「イナンナ」といいます。豊穣の女神であるとともに愛と美の女神でもあり、ギリシア神話のアプロディテの原型となりました。

愛と美の女神としての性格は、多数の愛人を抱えていたことからうかがえます。

イシュタルは夫がいながら１２０人もの愛人を抱えていました。しかし、その多くは捨てられるなどしています。たとえば『ギルガメシュ叙事詩』では恋人の牧人の姿を狼に変えたばかりか、その子どもを神への供え物にしました。

また気性が激しく、自分になびかない者に対してひどい仕打ちを与えています。たとえばギルガメシュに求愛を拒否されたとき、激怒したイシュタルは天の牡牛をけしかけて殺そうとしましたのです。結局、ギルガメシュの親友エンキドゥの抵抗により失敗に終わりましたが、危機一髪の事件でした。

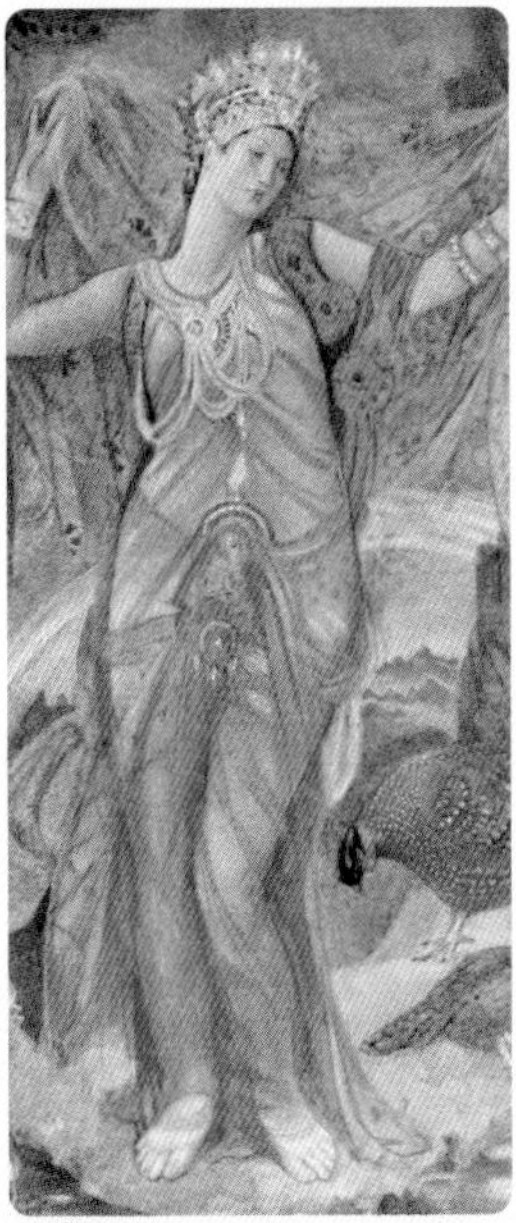

ネルガルとエレシュキガル

ネルガルとエレシュキガルは夫婦で死者の国を支配しています。つまり、冥界の王と女王です。

ネルガルはシュメール系神話ではネ・ウヌ・ガルといい、「大いなる冥界の支配」を意味しています。ただしネルガルは最初から冥界の王だったわけではありません。

もともとネルガルは天上に棲んでいましたが、あるときエレシュキガルに無礼をはたらき、冥界に連れてこられます。ネルガルも黙っておらず、エレシュキガルの髪をつかんで首を切ろうとすると、エレシュキガルは降参、ネルガルに冥界の支配を渡し、自身はネルガルの妻になったといわれています。

その7日後、ネルガルが地上に戻ることになると、エレシュキガルは悲しみのあまり、地上に死者をあふれさせると神々を脅したため、ネルガルは冥界にとどまることになりました。

乱暴な出会いでしたが、2人は恋に落ちていたのです。

ドゥムジ

ドゥムジはイシュタルの夫です。その名は「忠実の息子」という意味で、『旧約聖書』などではタンムズという名で呼ばれています。

ドゥムジはギルガメシュの親友エンキドゥと争ってイシュタルの愛を勝ちとり、彼女の夫となりました。しかし、2人の関係は複雑なものでした。

あるとき、イシュタルは冥界を支配する姉エレシュキガルに会いに行き、死んでしまいます。が、神々の助けで地上へ戻ってくることができました。

そのときドゥムジがイシュタルの玉座に座っていたため、イシュタルは自分の死を喜んでいるかのように感じて激怒。ドゥムジは妻の身代わりとして冥界に送られてしまったのです。

ドゥムジが姉のゲシュティンアンナのもとに逃亡すると、弟を哀れんだ姉が身代わりを願い出ました。そこで姉と弟が半年ずつ交代で冥界に暮らすことにし、残りの半年は地上で暮らすことを許されたのでした。

Chapter

7

中国神話

歴史のなかに取り込まれた
独特の物語

中国神話の概観

中国史とも深く関わる神々や仙人にまつわる物語

●中国は神話なき国？

中国は世界四大文明のひとつである黄河文明を生んだ国ですが、「神話なき国」といわれることがあります。『史記』をはじめとする多くの史書が、天地開闢《かいびゃく》当時から三皇五帝《さんこうごてい》という聖人君主が君臨していたと説いており、神話の時代がなかったかのようにとらえられてきたからです。

しかし実際には、中国にも神話が存在していました。

黄河文明の中心地となった黄河中・下流域にはさまざまな民族が居住していました。なかでも、のちに漢族と呼ばれるようになる人々の力が強く、東北地方や長江以南の民族を平定して勢力を広げていきます。

当初は、神話も各民族・各地域で異なるものが伝えられていたと考えられています。

しかし、漢族を中心に諸民族がまとまっていくなかで、漢族の目にとまったいくつかの神話が後世に語り継がれることになりました。それが中国神話です。

●中国神話の神々の特徴

こうした経緯でつくられたこともあり、中国神話は体系的にまとめられてはいません。しかし、神々に関しては共通した特徴が見られます。そのひとつとして、神々と人間の間にはっきりした線引きがなされていないことがあげられます。

ギリシア神話では、神が浮気をしたり、嫉妬の炎をたぎらせたりと、人間味を感じさせる描写が多く登場します。中国神話の神々は、必ずしもこれと同じというわけではありません。

たとえば、儒教の祖である孔子や道教の祖である老子、『三国志』の英雄のひとり関羽といった歴史上の人物が神とされ、通常の人々と隔てなく語られているのです。

日本神話でも実在の人物でありながら神として崇められるケースが見受けられます。それと同じようなものといえるでしょう。

中国神話の略年表

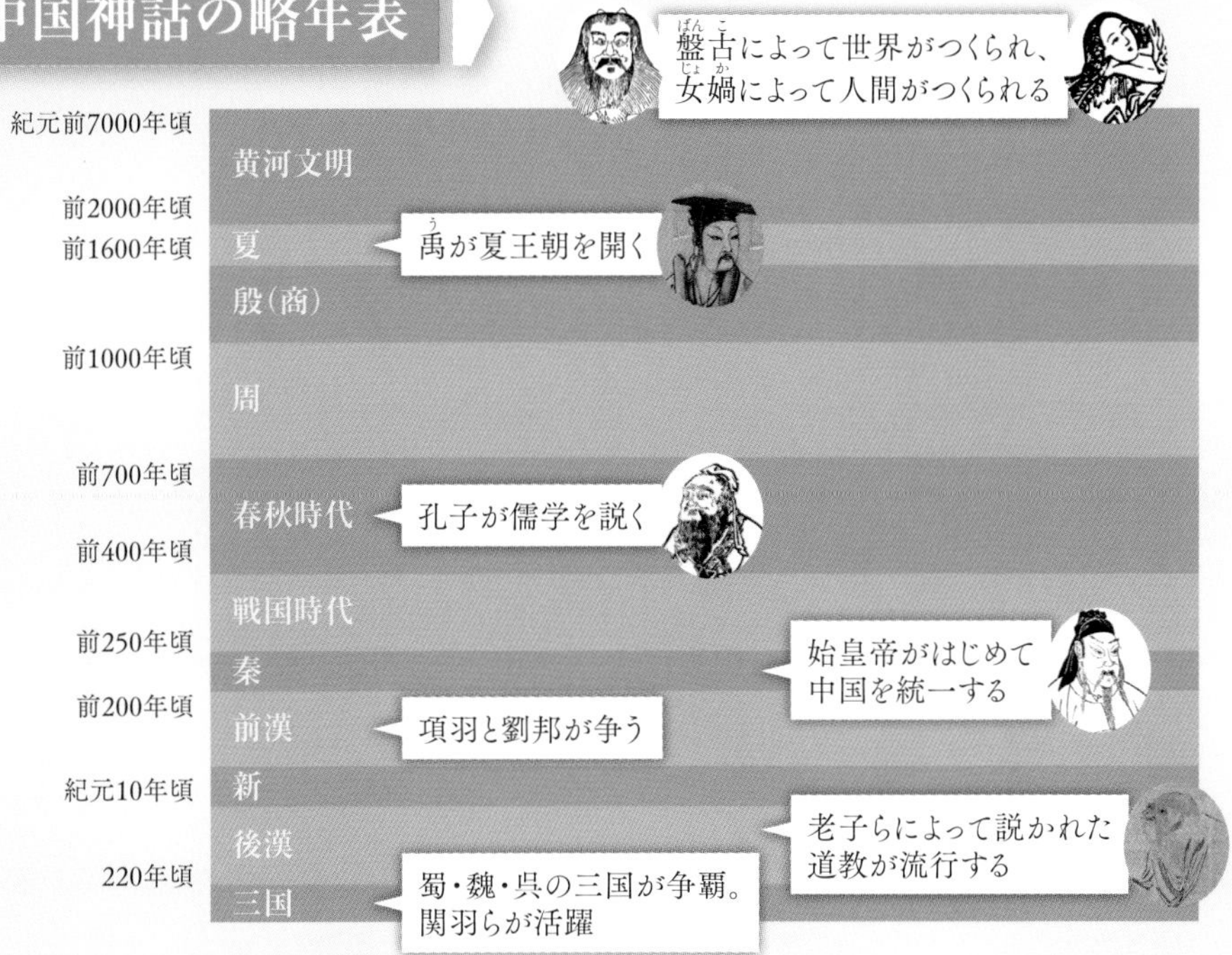

盤古《ばんこ》によって世界がつくられ、
女媧《じょか》によって人間がつくられる
紀元前7000年頃
黄河文明
前2000年頃
前1600年頃
夏
禹《う》が夏王朝を開く
殷（商）
前1000年頃
周
前700年頃
春秋時代
孔子が儒学を説く
前400年頃
戦国時代
前250年頃
秦
始皇帝がはじめて
中国を統一する
前200年頃
前漢
項羽と劉邦が争う
紀元10年頃
新
後漢
老子らによって説かれた
道教が流行する
220年頃
三国
蜀・魏・呉の三国が争覇。
関羽らが活躍

中国神話の舞台

漢族が勢力を拡大し、
神話を伝えていった
黄河文明
黄河
長江文明
長江

盤古と女媧

世界をつくった巨人神と人間を生んだ人頭蛇尾の女神

混沌から天地を創造した盤古。９万里の大巨人とされています
『三才図会』より

●世界をつくった9万里の巨人

巨人の体からさまざまな事物が発生する――。そうした形式の神話が世界各地で見られます。中国でも巨人の体から大地が生まれたという創世譚が伝えられています。

それによると、太古の宇宙は形がなく、すべてが渾然一体となった球体でした。その混沌とした卵のようなものから盤古《ばんこ》という創世神が誕生します。

盤古は姿を変えながら少しずつ成長して大きくなると、まず天と地をつくりました。明るい陽の元素を肩で押し上げ、暗い陰の元素を足で踏み込んで、宇宙を天と地に分けたのです。これを天地開闢といいます。

盤古の身長は1日1丈（1丈は約1・8メートル）ずつ伸び、誕生から1万8000年経った頃には、なんと9万里の大巨人となります。それに合わせて天と地が広がりました。

天と地を完成させた盤古は世を去りますが、その体から自然が生まれます。左眼は太陽、右眼は月、流した涙は長江や黄河になりました。手足からは山々、髪の毛からは草木、肉からは大地、骨や歯から岩石が誕生し、さらに息から風や雲が生まれ、声が雷になりました。こうして世界が出来上がっていったのです。

神話学では、このようなタイプの神話を死体化生《けしょう》神話と呼んでいます。

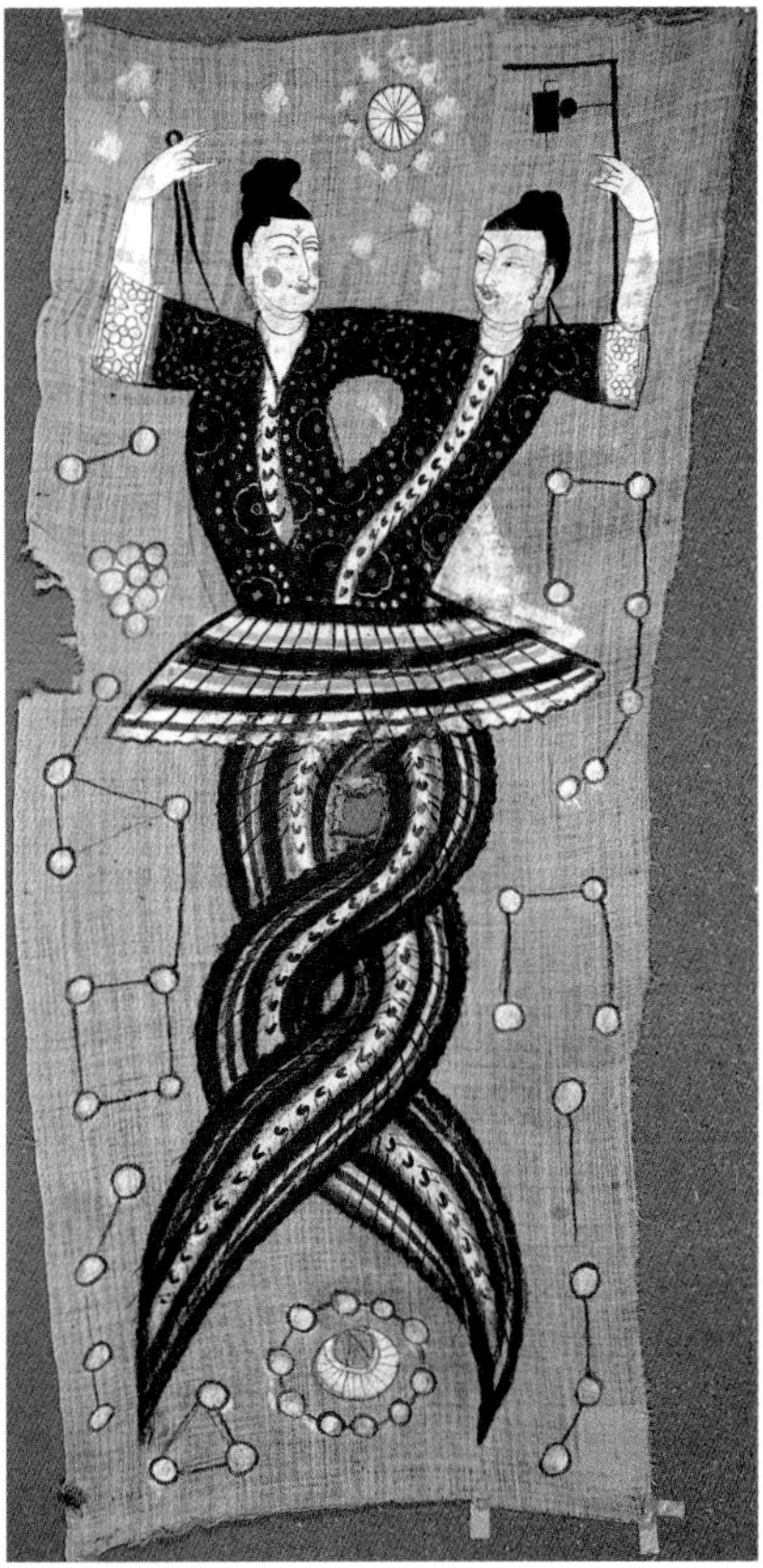

粘土で人間をつくった女媧（左）。下半身が蛇の姿の女神です。その隣にいるのは夫の伏羲です

●粘土と泥の滴で人間をつくる

盤古がつくった世界に暮らす人間は、女媧《じょか》によってつくられました。上半身は人間、下半身は蛇の姿の女神です。女媧は粘土で人間を創造したとされています。最初は1個ずつ丁寧につくっていましたが、そのうち面倒になり、縄で泥をはねあげ、その滴でつくるようになります。結果、最初に丁寧につくった人間は優秀な貴人に、後から適当につくった人間は凡人になったため、地上は多様な世界になりました。

やがて女媧は、人間が自分たちだけで子どもをつくれる力を与え、常に地上に人間が住んでいるようにしました。

ただし、人類の誕生については別の伝承もあります。

はるか昔、大洪水が起こって人類は滅亡しましたが、女媧と夫の伏羲《ふぎ》のみが生き残りました。女媧は地上で暮らす人間がいなくなってしまったことを悲しみ、伏羲との間にたくさん子どもを出産。その結果、再び多くの人間が住むようになったとされています。

三皇五帝

神話時代に活躍し崇拝された伝説的な8人の帝王

中国最古の夏王朝の前に、８人の帝王の治世があったとされています

●3人の神と5人の聖人

中国神話では、三皇五帝と称される伝説的な8人の帝王について語られています。最初の3人が三皇、そのあとの5人が五帝、合わせて三皇五帝です。

三皇は伏羲《ふぎ》、神農《しんのう》、女媧《じょか》、五帝は黄《こう》帝《てい》、顓頊《せんぎょく》、嚳《こく》、堯《ぎょう》、舜《しゅん》とするのが一般的ですが、これとは異なる組み合わせも少なくありません。いずれにせよ、三皇は神、五帝は聖人とみなされ、理想的な君主として長く信仰されてきたことは事実です。

●異形ながら神格化された3人

伏羲は上半身は人間、下半身は蛇の姿の神です。文字や占い、魚のとり方や家畜の飼育法、鉄の武器のつくり方など、さまざまな文化を伝えました。

中国・北京にある天壇（てんだん）。中国皇帝が天をまつる円形の丘壇です

神農も牛頭人身の異形の神で、人々に医療や農業を教えています。

女媧は人頭蛇尾の女神で、先述したように人間をつくりました。伏羲とは夫婦関係とも兄妹ともいわれています。

●聖人君主を体現した5人

三皇の時代が終わり、新たに中国を統治するようになったのが黄帝です。ここから五帝の時代がはじまります。

黄帝は人間としては中国史上初の帝王で、中国王朝の伝説上の祖とされています。

顓頊は黄帝の孫。祭祀を執り行ったと伝えられています。

嚳は黄帝の曾孫。生来聡明で、その治世は極めて安定していました。

嚳の息子の堯は、1日を366日とする現代に近い暦をつくらせたことで知られています。出来の悪い自分の息子ではなく、人格の優れた黄帝の子孫の舜に帝位を譲るなど、公私をきちんと区別できる帝王でした。

舜は朝廷から悪人を追い出し、善政を行いました。そして黄帝の子孫で、人柄を見込んだ禹《う》に帝位を譲ります。

禹は卓越した政治力の持ち主で、治水工事などでも手腕を発揮し、夏《か》王朝を開きました。その夏王朝以降、中国は神話時代を終え、史実に移っていったのです。

Column　神話の舞台

泰山《たいざん》（中国）

中国発祥の道教の聖地とされている山。三皇五帝以降、歴代の中国皇帝がこの山で封禅の儀という儀式を執り行い、王の即位を天地に知らせ、天下泰平を感謝してきたと伝えられています。

月のヒキガエル

月に上った仙女がヒキガエルの姿に変えられた理由

夫を裏切った罰としてヒキガエルにされてしまった嫦娥
『嫦娥月へ奔る』月岡芳年

●月にいるのはヒキガエル？

古来日本では、月にウサギが棲んでいて、餅つきをしていると伝えられてきました。実際は月の表面の模様をウサギに見立てているだけですが、同じような伝説は世界各地で見られます。

中国でも月にウサギが棲んでいるといわれますが、ウサギではなくヒキガエルとみなす伝承もあります。仙女が罰としてヒキガエルの姿にされてしまったというのです。

●欲に目が眩んだ悲しき仙女

その昔、羿《げい》という神と嫦娥《じょうが》という仙女の夫婦がいました。2人とも不老不死で幸せに暮らしていましたが、弓の名手である羿の行為により、その生活は一変してしまいます。

　かつて天には太陽が10個あり、1日1個ずつ運行していました。しかし三皇五帝の堯《ぎょう》の時代、10個の太陽が一度に現れるようになり、地上は灼熱の世界に変わってしまいます。

　そこで羿は、天帝の命を受け、太陽が交代で出てくるように説得するもののうまくいかず、やむなく弓で9個の太陽を射落としました。

　こうして地上はもとの生活を取り戻します。しかし、天帝は自分の子である太陽を射落とされたことに激怒。そのせいで羿だけでなく、妻の嫦娥も不老不死の力を失うことになりました。

　その後、失意の羿は崑崙山の西に棲むと伝わる西王母という女神を訪ね、不老不死の仙薬をもらいます。仙薬は嫦娥の分も合わせて2人分ありました。しかし、嫦娥は仙薬を独り占めして全部飲んでしまったのです。

羿に責められることを恐れた嫦娥は地上から去り、天界を目指します。しかし途中、月で身を潜めていると、羿を裏切った罰によってヒキガエルに変えられてしまい、そのまま月にとどまることになったのです。

　このような理由により、中国では月の表面の模様はヒキガエルのように見えると伝えられるようになりました。裏切られた夫の羿はどのような思いで月を眺めたのでしょうか。

得意の弓で太陽を射落とした羿

不老不死の仙薬をもつ西王母

三《さん》清《せい》

中国発祥の道教では、三清と呼ばれる3神が最高神として扱われています。3神は天界の三清境（玉清境、上清境、太清境）を治める神々で、通常は元始天尊、霊宝天尊、道徳天尊が対応させられています。

元始天尊は三清の中央に配される至高神で、道教の根本思想である道（タオ）を神格化した存在です。天地創造以前に自然の気を受けて生まれ、天地が崩壊し再生するたびに、人々に道を説いて救済しました。

霊宝天尊は元始天尊の右に配され、高上大聖が表した『霊宝経』をはじめとする経典を人間界の聖王らに伝えたとされます。

元始天尊の左に配される、白髪と白髭がトレードマークの道徳天尊は、老子が神格化されたものです。左手に陰陽鏡を、右手に扇をもち、陰陽と天地が生まれていることを示しています。

この3神は本来、成立の由来が異なる神々です。しかし8世紀以降、3神を一体とみなす三清説が形成され、ひと括りに扱われるようになりました。

太《たい》上《じょう》老《ろう》君《くん》

道教は、古代中国・春秋戦国時代の思想家である老子によって唱えられたとされる宗教です。その老子を神格化したのが太上老君です。

春秋時代末期の老子は、周の役人でした。やがて乱世が深刻になると隠遁を決意し、西方の関所の役人に請われて『道徳経（老子道徳経、老子）』を著しました。その教えを基盤に道教が発展していったのです。ただし、老子の実在性をめぐっては議論が分かれており、司馬遷の歴史書『史記』で言及されていますが、架空の人物とする説もあります。

この太上老君は紀元前3世紀の前漢時代までは道教の祖、神仙の祖として崇敬されるだけでした。しかし、道教が広まるとともに神とみなされて信仰の対象となり、神秘的な老子像がつくられ、やがて4～5世紀の北魏時代には太上老君という単独の最高神へと昇格しました。

関《かん》聖《せい》帝《てい》君《くん》

魏・呉・蜀が覇権争いを繰り広げ、『三国志』という物語にもなった三国時代。当時、蜀に仕えていた武将・関羽（写真右）が神格化され、英雄神の代表格となったのが関聖帝君です。

河東（山西省）に生まれた関羽は、張飛とともに劉備を助け、蜀の建国に尽力しました。劉備はこの2人に兄弟のような恩愛を示したといいます。

荊州の守備に当たっていたとき、魏と呉の両軍に挟み撃ちにされ、呉軍に捕まり殺されてしまいます。

しかし、義侠心に篤い強者として民衆の支持を集め、唐代に関羽を崇拝する関帝信仰が生まれたのです。

当初、関帝は怨霊神でしたが、やがて武神となります。関帝廟は武神をまつる武廟の主神とされました。

なお、関帝はよく赤い顔をした図像で表わされます。それは、この神が五行思想で火の要素をもつ南方の守護神とみなされているからです。

神《しん》農《のう》

神農は古代中国の伝説上の帝王です。「三皇五帝」の三皇のひとりでもあり、人々に漁や牧畜を教えたと伝わる伏羲の次の皇帝となりました。火を人々に与えたとされることから、「炎帝」とも呼ばれます。

神農は牛の頭、人間の体をもち、頭に角があったともいわれています。生後3日で言葉を口にし、5日で歩き、7日で歯が生えた早熟の天才です。

その名のとおり、人々に農耕を教えたことでも知られています。自ら農作物や水の味見をし、1日70回中毒を起こしても、人々のために味見を続けました。

それだけではありません。医療・薬の神でもあり、365種類もの薬草を考案したり、地面に生えているあらゆる草木を集めて実際に舐めて薬効を確かめたりしたと伝えられています。

そのほか、神農は養蚕や商売なども人々に教えました。

伏羲、女媧とともに三皇のひとりに列せられる、尊敬すべき皇帝といえるでしょう。

西《せい》王《おう》母《ぼ》

古代中国では、崑崙山という神話上の山があると信じられていました。黄河の源流ともいわれるこの山は、仙人たちの最終目的地、つまり不老不死の世界と考えられていました。そんな崑崙山の山上の宮殿に棲んでいた女神が西王母です。

西王母のルーツを日の神とする説がありますが、真偽はわかりません。漢の時代には存在が知られ、壁画などに描かれるようになりました。

古代中国の地理書『山海経』では、疫病や刑罰を司る豹の尾と虎の歯をもつ恐ろしい鬼神とされていました。しかし時代を下ると、不死の女神として崇められるようになり、その姿も母性愛を湛えた優しいイメージに変わっていきました。

そして道教にとり込まれると、女仙人たちの元締めとみなされ、庶民にも広く信仰されるようになったのです。

なお、西王母が育てている桃は3000年に一度しか熟さない不思議な桃で、ひとつ食べると3000年の寿命を得て仙人になれると信じられています。

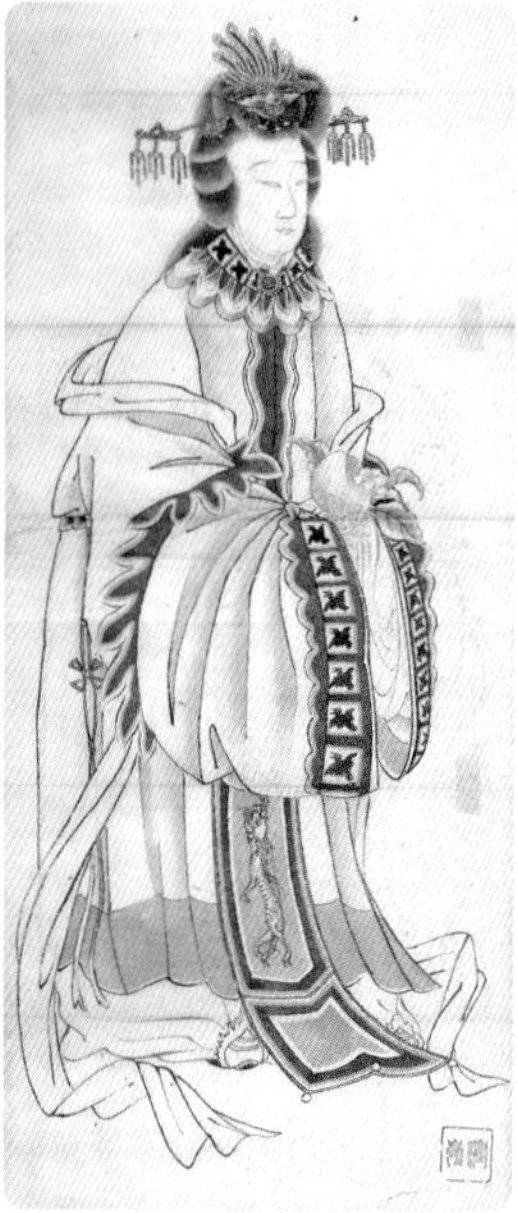

北《ほく》斗《と》星《せい》君《くん》と南《なん》斗《と》星《せい》君《くん》

神話と星座といえばギリシアと12星座の関係が有名ですが、中国神話にも星座に関連した神が登場します。それは北斗七星を神格化した北斗星君（写真）と、南斗六星を神格化した南斗星君です。両者とも、道教で信仰されている神です。

北斗星君は透き通った衣を着た醜い老人で、厳格な性格の神とされています。その役割は死を司ることです。死者の生前の行いを調べて、地獄での行き先を決めるのです。仏教における閻魔天と似た存在といえるでしょう。

一方、南斗星君は温厚な性格で、生を司るとされています。容姿については、炎のように燃え上がる衣を着た醜い老人であったり、逆に美しい青年であったりと、北斗星君のように統一されていません。

すなわち北斗星君と南斗星君は、2神で人間の生死を司っています。そのため、2神が許可すれば、人間の寿命を延ばすことができるともいわれており、実際に少年の「寿命の台帳」を19歳前後から90歳に書き換えてあげたというエピソードも残されています。

Chapter

8

日本神話

八百万の神々が活躍し、
天皇家の支配の正統性を示す

日本神話の概観

『古事記』や『日本書紀』に描かれた日本創世の物語

●神話の時代と歴史をつなぐ

太陽神アマテラスや豊穣神オオクニヌシなど、八百万《やおよろず》の神々が活躍し、天皇家の成立に至るまでを語り継ぐ日本神話。その物語は、大きく4つのグループに分けることができます。「国生み神話」「高天原《たかまがはら》神話」「出雲神話」「日向《ひむか》神話」です。

まず国生み神話では、イザナキとイザナミの夫婦神が日本の国土をつくったことが語られます。

次の高天原神話では、アマテラスが登場します。弟スサノオの乱暴狼藉に怒ったアマテラスが天岩戸《あまのいわと》に姿を隠すと世界は闇に包まれますが、再び姿を現すと光が戻ります。

続く出雲神話の主役はスサノオで、荒ぶるスサノオがヤマタノオロチを退治し、英雄となりました。その後、スサノオの子孫のオオクニヌシが国土を豊かにします。

そして日向神話では、祖母アマテラスの命で高天原から天下ったニニギが地上を平定。その子孫のイワレビコは九州から東へ向かい、神武天皇として即位するという建国神話が語られます。それ以降は、各天皇の事績や伝承などが述べられていきます。

すなわち日本神話は、日本の国土誕生から天皇家が生まれるまで、神話の時代と歴史をつなぐ物語といえるわけです。

●『古事記』と『日本書紀』

日本神話をいまに伝えているのは、『古事記』と『日本書紀』（2つ合わせて「記紀」）などです。

「記紀」はどちらも天武天皇の命で編纂された歴史書で、『古事記』は712年に稗田阿礼《ひえだのあれ》や太安万侶《おおのやすまろ》が、『日本書紀』は720年に川島皇子《かわしまのみこ》らが完成させました。

両書がつくられた目的は、天皇家による日本支配の正統性を明らかにすることです。当時はヤマト朝廷が天皇を頂点とする中央集権体制を構築していた時期であり、そのトップに立つ天皇が日本を支配する根拠を示す必要があったのです。

日本神話の流れ

国生み神話

イザナキとイザナミの夫婦神が日本の国土をつくる

▼

高天原神話

アマテラスが天岩戸に姿を隠し、世界は闇に包まれる

▼

出雲神話

スサノオがヤマタノオロチを退治し、オオクニヌシが国土を豊かにする

▼

日向神話

イワレビコが遠征を行い、東国を平定して神武天皇として即位する

『古事記』と『日本書紀』の違い

日本書紀	書名	古事記
720年	**完成**	712年
天武天皇	**発起人**	天武天皇
川島皇子、舎人親王など	**編者**	稗田阿礼、太安万侶
天地開闢～持統天皇	**収録期間**	天地初発～推古天皇
漢文・編年体	**表記・編纂形態**	変則漢文・紀伝体
国家としての日本を国外にアピールする	**編纂目的**	天皇家による支配の正統性を日本国内に示す

日本
神話

イザナキとイザナミの国生み

原始の神々が次々と現れては消え、夫婦神が日本列島を生み出す

日本の国土を生んだイザナキ（右）とイザナミ（左）
『天瓊を以て滄海を探るの図』小林永濯

●塩をかき混ぜて国土をつくる

本州・四国・九州・淡路島・壱岐島・対馬島・隠岐島・佐渡島。『古事記』で「大八島国《おおやしまぐに》」といわれる日本列島は、イザナキ（イザナギ）とイザナミという夫婦神によって生み出されました。

天地が分かれたばかりの世界では、原始の神々が次々と現れては消え、現れては消えを繰り返していました。そうしたなか、最後に登場したのが天の神から国土創生を命じられたイザナキとイザナミです。

2柱の神は天浮橋《あめのうきはし》に立ち、眼下に漂うドロドロした塩を天《あめ》の沼矛《ぬぼこ》と呼ばれる矛でかき混ぜます。矛を引き上げると、塩水がしたたり落ち、それが重

なって島ができました。このはじめての島をオノゴロ島といいます。

島に降り立った2柱の神は、宮殿を建てて結婚。こうして最初の夫婦となって交わり、日本の国土を生んでいったのです。

●黄泉国で夫婦神が決別

イザナキとイザナミは国土だけでなく、風や木などの自然の神、船や食物の神などの生活の神も生み出しました。ところが、火の神を生んだとき、イザナミは火傷をして死んでしまいます。

失意の夫イザナキは、妻を連れ戻そうと、死者が棲む黄泉国《よみのくに》へ押しかけました。夫と再会したイザナミは大いに喜び、「私が神に相談している間、絶対に姿を見ないで！」とイザナキに約束させます。

しかし、イザナキはどうしても待ちきれず、妻の姿をのぞき見してしまいます。するとそこには、ウジがたかり、体から雷神を出した醜い姿のイザナミがいたのです。

変わり果てた妻の姿を見たイザナキは怖くなり、一目散に逃げだしました。イザナミは「恥をかかされた」と腹を立て、鬼の形相で追いかけます。しかし、イザナキは間一髪で黄泉国を脱出し、入口を大岩でふさぎました。ちなみに、この逸話は古墳の構造にも関係しています。

怒りのおさまらないイザナミが「この世の人々を1日に1000人殺してやる！」と言い放つと、イザナキは「それなら私は毎日1500人を生みましょう」と言い返し、2柱の神は決別してしまいます。

このイザナキの誓いにより、人間が死んでも新たな命が次々に生み出され、地上は長く繁栄を続けることになったのです。

イザナキとイザナミが生んだ島々

日本神話

アマテラスの岩戸ごもり

洞窟に引きこもった太陽神を外に引っ張り出した神々の大作戦

神々が大宴会を催すと、アマテラスが姿を現しました
『岩戸神楽之起顕』春斎年昌

●アマテラスとスサノオの確執

日本には「八百万《やおよろず》」といわれるほど多くの神々がいると信じられています。そのなかでも最高神として崇められてきたのが現在の皇室の祖先神とされる女神アマテラスです。

アマテラスは太陽神で、伊勢神宮にまつられています。この女神にまつわるエピソードとしては、「天岩戸《あまのいわと》」の物語がよく知られています。

アマテラスはツクヨミ、スサノオとともに、イザナキが不浄の体を洗ったときに生まれました。そのうちスサノオは相当な荒くれ者で、海を治めることを嫌がり、母のいる根《ね》の国（地下世界）に行きたいとわめき散らしたため、高天原《たかまがはら》（天上界）から追放されることになりました。

スサノオは姉のアマテラスに別れを告げようと高天原を訪れます。しかしアマテラスは弟が高天原を支配しにやってきたと思い込み、武装して待ち受けました。

スサノオはそんな気はさらさらないと、身の潔白を証明する誓約（占い）を申し出ます。しかし、結局は調子に乗って乱暴狼藉をはたらき、田の畔を壊したり、アマテラスの機織女《はたおりめ》を殺したりしました。

これにアマテラスは激怒し、天岩戸に閉じこもって外に出てこなくなってしまったのです。

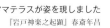

●大宴会の歓声で誘い出す

太陽神が姿を隠したことにより、高天原や地上の世界は暗闇に覆われ、悪しき神々がうごめきはじめました。ただならぬ事態に神々は天安河原《あまのやすかわら》に集まって話し合い、一計を案じます。天岩戸の前で宴会のように騒ぎ立て、囃《はや》し声を響き渡らせたのです。

アマテラスが何事かと思って外をのぞいてみると、芸能の女神アメノウズメが上半身裸で踊り狂い、それを見たほかの神々は大歓声をあげています。それを見て、思わず戸から身を乗り出してしまいました。

その瞬間、怪力をもつアメノタヂカラオが岩戸を開け、アマテラスを引っ張り出すと、世界に光がよみがえったのです。

この天岩戸神話の意味については、古代からさまざま見解が出されてきました。たとえば太陽が隠れることから日食との関わりが指摘され、古代の人々は日食を神の怒りと解釈したのではないかといわれています。

また、アマテラスが天岩戸に隠れたことを、太陽神の死と関連づける説などもあります。

天上界と地上界の関係

天上界＝高天原

上位

天つ神
（アマテラスなど）

∨

国つ神
（スサノオなど）

地上界＝葦原中国

下位

アマテラスがスサノオを追放したように、天上界が上位、地上界が下位と見なされていた

Column　神話の舞台

天安河原（日本）

岩戸ごもりの舞台とされている場所は、国内に複数あります。宮崎県高千穂町にあるこの大洞窟も比定地のひとつ。神秘的で幻想的な雰囲気が漂っています。

国譲りと天孫降臨

オオクニヌシから高天原の神々へ 奪われた地上界の支配権

オオクニヌシは国づくりを進め、高天原の神々に渡しました
『国護』吉田暢生

●地上界を建設したオオクニヌシ

出雲大社の祭神オオクニヌシ（オオナムチ）といえば縁結びの神として有名ですが、国づくりという大業を行った極めて重要な神です。

スサノオの子であるオオクニヌシは、因幡《いなば》の白兎を助けてヤガミヒメと結婚します。そのせいで恋敵の兄たちに2度も殺されてしまいました。しかし、母神に救われ蘇生すると、葦原中国《あしはらのなかつくに》（地上界）の王となり、海の向こうからやってきたスクナビコナとともに国づくりに邁進。人々に農業や医術を教えたり、生活・社会環境を整えたりして、国を繁栄させせました。

しかし、その様子を高天原《たかまがはら》から見て

いたアマテラスは、葦原中国を自分たちのものにしようと考え、「これはわが子が治める国」と宣言し、オオクニヌシに国譲りを迫ったのです。

●支配者の交代が行われる

アマテラスは地上界に使者を派遣しましたが、うまくいきません。そこで実力で奪い取ろうと、剣の神タケミカヅチを送り込みました。

タケミカヅチは出雲の伊耶佐《いさな》の小浜にさかさまに突き立てた剣の上に座り、国を譲れとオオクニヌシを脅迫します。オオクニヌシが息子たちに決断を委ねると、息子のひとりで力自慢のタケミナカタは国譲りを認めず、タケミカヅチに力比べを挑みました。

しかし、タケミナカタは体ごと投げられ、諏訪湖《すわこ》まで逃げて降伏します。ここに至り、オオクニヌシは出雲の地に天高くそびえる宮殿を建ててもらうことを条件に、国譲りを承諾したのです。ちなみに、このとき建設されたのが、現在の出雲大社だとされています。

こうして国譲りに成功したアマテラスは、孫のニニギらに自らの分身である鏡をもたせ、多くの神々をつき従えさせて葦原中国へ送り出しました。

ニニギ一行は高天原から降り、筑紫《ちくし》の日向《ひむか》の高千穂《たかちほ》の峰に到達。ニニギは「美しい国だ」と満足した様子を見せました。地上世界の支配権が高天原の神々の手に渡ったこの出来事を、天孫《てんそん》降臨《こうりん》と呼びます。

そしてニニギの子孫はやがて天皇の系譜へとつながっていくのです。

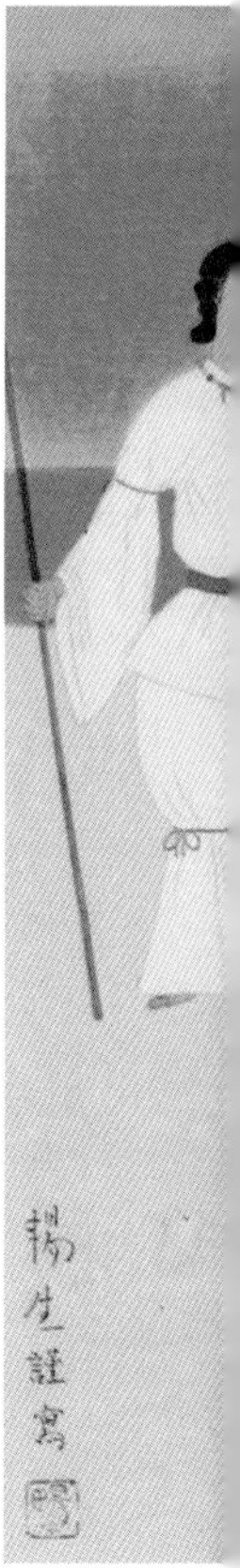

地上界の支配構造

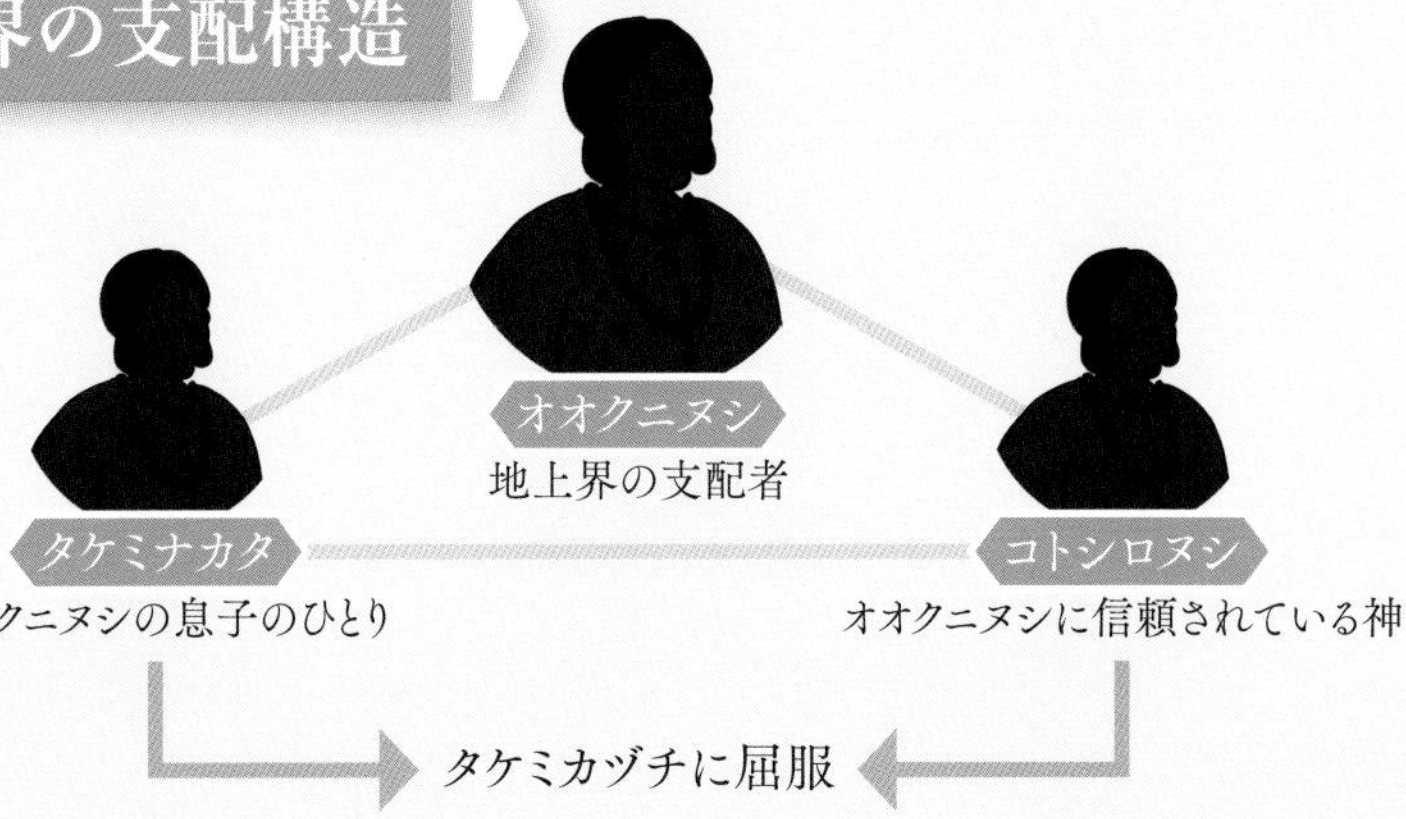

神武東征

ニニギの子孫が大和を平定し、初代天皇が誕生した！

九州から大和を平定したイワレビコが初代神武天皇となります
『八咫烏に導かれる神武天皇』安達吟光

●九州から東へ向かうイワレビコ

高天原《たかまがはら》から日向《ひむか》に降り立ったニニギから数えて4代目のイワレビコ。この神が、のちに初代天皇の神武《じんむ》天皇となります。

イワレビコは四人兄弟の末の子でしたが、成長すると長兄のイツセらとともに天下を治める地を求め、日向から船団を率いて東へ旅立ちます。いわゆる神武東征のはじまりです。

イワレビコらは筑紫《ちくし》を経て安芸《あき》や吉《き》備《び》を平定するなど、順調に進んでいきました。しかし、浪速《なにわ》に上陸したところで事態は一変します。

まず土豪のナガスネヒコに襲われ、長兄のイツセが傷を負い、紀国《きのくに》で死去してしまいます。次に熊野では悪しき神々の邪気にふれて気を失い、全滅の危機に陥りました。

それでもイワレビコは、アマテラスの命によりタケミカヅチが自らの分身として下した霊剣によって息を吹き返すと、その霊剣を用いて敵を平定していきました。

その後、イワレビコらは神の遣いである3本足のヤタガラスに導かれて山中を進み、いよいよ大和に入ります。宇陀《うだ》ではエウカシとオトウカシの兄弟に襲われますが、応戦して倒しました。さらに忍坂《おしさか》では宴会に給仕人として潜り込み、土蜘蛛《つちぐも》のヤソタケルをだまし討ちにしています。

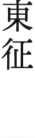

そして最後は、宿敵ナガスネヒコとの決戦です。

●あっさり終わった最終決戦

ところが、このイワレビコとナガスネヒコの対決は、やや拍子《ひょうし》抜《ぬ》けのような形で終焉を迎えました。

戦いのさなか、ナガスネヒコの主というニギハヤヒが現われ、宝物を差し出し、帰順を申し出てきました。これにより激戦を繰り広げることなく、大和の平定が成し遂げられてしまったのです。

ただし、『日本書紀』はイワレビコとナガスネヒコは互角に戦ったと伝えています。しかし、最終的にはニギハヤヒがナガスネヒコを殺害し、ニギハヤヒはイワレビコに従ったと伝えています。

こうしてイワレビコは橿原宮《かしはらのみや》で即位し、神武天皇となりました。

イワレビコの東征ルート

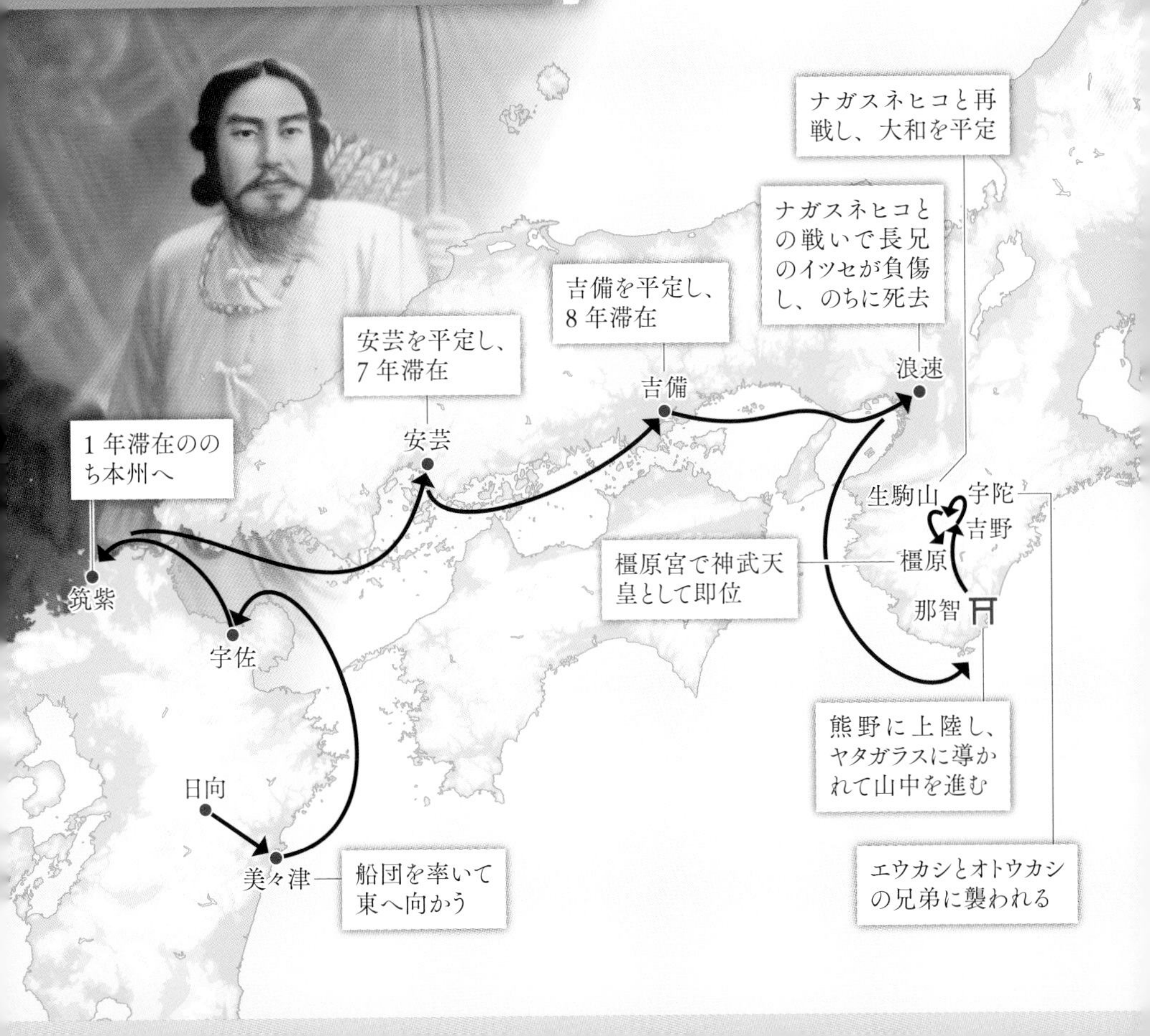

ナガスネヒコと再戦し、大和を平定
ナガスネヒコとの戦いで長兄のイツセが負傷し、のちに死去
吉備を平定し、8年滞在
安芸を平定し、7年滞在
1年滞在ののち本州へ
浪速
吉備
安芸
筑紫
宇佐
生駒山
宇陀
吉野
橿原
那智
橿原宮で神武天皇として即位
熊野に上陸し、ヤタガラスに導かれて山中を進む
エウカシとオトウカシの兄弟に襲われる
日向
美々津
船団を率いて東へ向かう

日本神話

ヤマトタケルの遠征

父に命じられ西へ東へ……日本神話の英雄の悲しき物語

ヤマトタケルは日本各地を平定し、「国固め」を進めました
『日本武尊』歌川国芳

●休む間もなく各地に遠征

神武《じんむ》天皇と並び称される日本神話きっての英雄、ヤマトタケル。神武天皇から日本の「国固め」のバトンを渡されて大活躍した人物です。

ヤマトタケルは12代景行《けいこう》天皇の皇子で、幼名をヲウスといいます。あるときヲウスは、天皇から食事の席に出てこない兄のオオウスを教え諭すように命じられ、なんと殺害してしまいます。その力に恐れをなした天皇は、ヲウスに九州南部のクマソタケル兄弟討伐を命じました。

ヲウスは女装して兄弟の宴会に潜り込み、油断した隙に兄弟を討ちとります。そして瀕死の弟から、武勇を称えるヤマトタケル（大和武尊）の名を贈られたのです。

　その後、出雲の王イズモタケルも討ちとり、意気揚々と凱旋したヤマトタケルでしたが、休む間もなく、今度は東国遠征を命じられました。

●伊吹山の神にしてやられる

　天皇に嫌われているのか——。ヤマトタケルは叔母のヤマトヒメにそう嘆きながら再び旅立ちます。

　相模では野原で火に囲まれ、窮地に陥ります。しかし、ヤマトヒメからもらった草薙剣《くさなぎのつるぎ》で草をはらい、袋のなかに入っていた火打石《ひうちいし》で火をおこして迫りくる炎をはね返しました。

　走水《はしりみず》では嵐で船が沈みかけましたが、妻のひとりであるオトタチバナヒメが海に飛び込んで生贄となり、嵐を鎮めます。こうして幾多の苦難を経て、ヤマトタケルは東国を平定したのです。

　ところが、東国平定ですっかり気が大きくなっていたのか、帰路、ヤマトタケルは伊吹山《いぶきやま》の神を侮《あなど》って暴言をはき、怒りを買ってしまいます。

　ヤマトタケルは神の降らせた大粒の雹《ひょう》に当たり、正気を失って衰弱。大和を想いながら能褒野《のぼの》の地まで進みましたが、そこで命尽きました。

　駆《か》けつけて悲しみ嘆く妻子の前で、ヤマトタケルの魂は白鳥となって飛び去っていったと伝えられます。

クマソタケルを討つヤマトタケル
『芳年武者无類』月岡芳年

Column　神話の舞台

伊吹山（日本）

岐阜・滋賀の県境に位置するこの山の神に、ヤマトタケルは瀕死の重傷を負わされました。標高約1300 mの山頂にはヤマトタケルの像が立っており、下界を静かに見守っています。

アメノミナカヌシ

日本には八百万といわれるほど多くの神々が存在すると信じられており、『古事記』に記された神話にもたくさんの神々が登場します。

その『古事記』の冒頭、まだ天と地がはっきり分かれていないときに最初に登場する神がアメノミナカヌシです。

アメノミナカヌシは天の中心を司る神で、続いて登場するタカミムスビ、カミムスビとともに造花三神といわれます。

しかしながら、この神は神話の冒頭に登場した後は、いっさい現れなくなってしまうのです。

信仰面においても、平安時代の主な神社の祭神のなかにアメノミナカヌシの名は見当たりません。また、この神を祖神とする氏族もないことから、信仰されていたわけではなく、観念的な存在として創作されたのではないかという説もあります。

後世、天の中心の神ということで北極星とも結びつき、北極星を表わす妙見菩薩と同一視されるようになりました。現在は東京や福岡の水天宮などにまつられています。

アマテラス

八百万といわれる日本の神々のなかで最高神に位置づけられているのが、太陽神アマテラスです。

古来日本人は、農耕を生業としてきました。農耕は天候によって大きく左右されるため、太陽はあまりにも重要な存在です。そのため、太陽神アマテラスが最高神と位置づけられたのです。

天岩戸の神話には、アマテラスが弟スサノオの乱暴狼藉に憤り、天岩戸に閉じこもったところ、天も地上も真っ暗になってしまい、あらゆる災いが起こったと記されています。太陽神としての性格がよくわかるエピソードです。

また、アマテラスは現在の皇室の祖先神とされています。アマテラスは孫のニニギを派遣し、地上を支配するようになりました。

その子孫の系譜が初代神武天皇へと続いているのです。

伊勢神宮（三重県）がすべての神社のなかで最高位にランクされているのは、そのアマテラスが鎮座しているからです。

アメノウズメ

神に音楽や踊りを捧げる習慣は、世界各地で見られます。日本の神楽もそのひとつです。

神楽の起源とされているのが、アメノウズメという女神です。「ウズ」とはかんざしを意味し、髪飾りをさして神祭りをする巫女を神格化したとものと考えられています。

アメノウズメは天岩戸の神話で活躍しました。

アマテラスが天岩戸に閉じこもったことで、地上が真っ暗になってしまったため、神々は天岩戸の前で宴会のように騒ぎ立てます。このとき、アメノウズメは伏せた桶の上に立ち、笹の葉を手にして、胸をあらわにするほど激しく踊ったのです。

その姿を見た神々は、天が揺れるほど大笑い。騒がしさを気にしたアマテラスが少し顔をのぞかせた瞬間、手を引かれて外に出されました。

身を挺して踊り狂い、世界を救ったアメノウズメは現在、芸能の神として広く尊崇されています。

スサノオ

スサノオはアマテラスの弟で、父のイザナキが不浄の体を洗ったときに生まれました。

その名は「荒々しい」という意味のすさぶに由来するとも、ヤマト朝廷に反抗した出雲西部の須佐地方の地名から名づけられたともいわれています。いずれにせよ、相当な荒くれ者で、風・嵐の神とされています。

実際、アマテラスが治める高天原で乱暴狼藉をはたらき、地上へ追放されています。しかし、地上に降りてからは一転し、荒々しい力を人助けに使って英雄となるのです。

それは出雲での出来事でした。同地ではヤマタノオロチという八頭八尾の大蛇が現れ、毎年定期的に娘をさらっていました。スサノオは苦しむ人々を見過ごせず、大蛇退治を決意。ヤマタノオロチに強い酒を飲ませ、酔って寝た隙に斬り殺し、娘を救い出したのです。

それ以降、スサノオは英雄となり、母イザナミのいる根の国の支配者となりました。

日本神話の神々

オオクニヌシ

出雲大社にまつられているオオクニヌシは、縁結びの神として有名です。その背景には、多くの女神との恋愛譚がありました。

たとえば、ヤガミヒメとのエピソードです。ヤガミヒメは八十神と呼ばれるオオクニヌシの多くの兄弟たちから求婚されますが、彼らではなく、従者として現れたオオクニヌシを選びました。それにより妬みを買ってしまったオオクニヌシは、殺されてしまいます。しかし、さらに美しくなって生き返りました。

また、根の国ではスサノオから与えられた試練を克服し、その娘スセリビメを娶っています。

その後、オオクニヌシはほかの女神たちとも結婚し、艶福家ぶりを見せつけました。

一方、オオクニヌシは国づくりの神でもあります。葦原中国（地上界）の王となったオオクニヌシは、国土を平定して国をつくり、その国をアマテラスら高天原の神に譲るという重要な役割を果たしたのです。

スクナビコナ

オオクニヌシには、ともに国づくりを進めた仲間がいました。それがスクナビコナです。

スクナビコナはカミムスビあるいはタカミムスヒの指の間からこぼれ落ちたとされる小さな神で、蛾の皮でできた服を着て、ガガイモの船に乗り、出雲の美保の岬に流れ着きました。そして、オオクニヌシと協力しながら国づくりを行ったのです。

また、スクナビコナは人々にさまざまな知識を与えたりもしました。その知識のなかには医療に関するものも含まれていたと考えられています。

『伊予国風土記』によると、病に臥せたオオクニヌシのために、スクナビコナが大分の速見の湯（別府温泉）からお湯をくんできて湯あみをさせ、病を治したとあります。

このことから、スクナビコナは医療や温泉の神とみなされるようになりました。

こうして国の基礎ができると、スクナビコナは不老不死の常世国へ渡っていったそうです。

イワレビコ

日本の歴代天皇は現在、第126代まで続いています。そのうち、初代神武天皇となったのがイワレビコです。

イワレビコは、アマテラスの孫で地上に降臨したニニギの子孫にあたります。神と人をつなぐ存在といえるでしょう。

最初は九州の日向にいましたが、兄弟や子どもたちと相談し、国を統治するのにふさわしい土地を求めて、東へ向かいます。しかし、その旅路にはいくつもの壁が立ちはだかりました。兄イツセが豪族との戦いで命を落としたり、熊野の神に攻撃されるなど、苦難が続きました。

それでもアマテラスらが遣わしたヤタガラスに導かれ、前進を続けます。そして、ついに大和を平定するに至ったのです。

その後、初代神武天皇として即位したイワレビコは建国の祖となります。ただし、この神話は史実ではないとする説が有力とされており、神武天皇も神話上の人物ではないかと考えられています。

コノハナサクヤビメ

コノハナサクヤビメは、日本神話の神々のなかで屈指の美しさを誇る女神です。

まるで花が咲いたかのように美しく、『古事記』では、「麗し」という言葉で褒め称えられています。

そんなコノハナサクヤビメに魅了されたのが、高天原から地上に降臨したニニギです。

ニニギはコノハナサクヤビメを見初めて求婚します。その一方、容姿が岩のように醜いイワナガヒメを拒絶した結果、人に寿命ができてしまいました。

花の美しさははかなさの象徴、岩は永遠性の象徴で、ニニギははかない運命を選んだというわけです。

やがてコノハナサクヤビメが一夜の契りで妊娠し、夫に浮気を疑われると、身の潔白を証明するため、自ら産屋に火を放ち、その場でホデリ、ホスセリ、ホヲリという3子を生みました。末子のホヲリの子孫が天皇の系譜につながります。

火中で出産したことから、富士山の荒ぶる神を鎮める力があるとみなされ、江戸時代後期以降、各地の浅間神社でまつられるようになりました。

主な参考文献

- 『世界の神話大図鑑』フィリップ・ウィルキンソン著 林啓恵訳（三省堂）
- 『世界の神話と英雄大図鑑』フィリップ・ウィルキンソン著 松村一男監修（河出書房新社）
- 『世界神話学入門』後藤明（講談社）
- 『ギリシア神話 上下』呉茂一（新潮社）
- 『図説古代ギリシア』ジョン・キャンプ エリザベス・フィッシャー（東京書籍）
- 『ケルト全史』木村正俊（東京堂出版）
- 『ヴィジュアル版 世界の神話百科ギリシア・ローマ ケルト 北欧』
  アーサー・コットレル著 松村一男 蔵持不三也 米原まり子 訳（原書房）
- 『ラルース世界の神々・神話百科』フェルナン・コント著 蔵持不三也訳（原書房）
- 『インド神話物語百科』マーティン・J・ドハティ著 井上廣美訳（原書房）
- 『F-Files No.010 図解 北欧神話』池上良太（新紀元社）
- 『F-Files No.044 図解ケルト神話』池上良太（新紀元社）
- 『F-Files No.033 図解 日本神話』山北篤（新紀元社）
- 『Truth In Fantasy85 ケルト神話』池上正太（新紀元社）
- 『Truth In Fantasy74 オリエントの神々』池上正太（新紀元社）
- 『ケルトの神話─女神と英雄と妖怪と』井村君江（筑摩書房）
- 『ヒンドゥー神話の神々』立川武蔵（せりか書房）
- 『エソテリカ事典シリーズ 5 世界の神々の事典』松村一男（学研）
- 『古代ギリシャのリアル』藤村シシン（実業之日本社）
- 『いちばんわかりやすい北欧神話』杉原梨江子（実業之日本社）
- 『いちばんわかりやすいインド神話』天竺奇譚（実業之日本社）
- 『世界の神様 解剖図鑑』平藤喜久子（エクスナレッジ）
- 『図解 いちばんやさしい世界神話の本』沢辺有司（彩図社）
- 『図解 世界 5 大神話入門』中村圭志（ディスカヴァー・トゥエンティワン）

◎ 写真提供

- アフロ
- Adobe Stock
- Shutterstock
- iStock by Getty Images
- PIXTA

P45：Mary Evans Picture Library/ アフロ

P110：Louvre Museum

P116：Walters Art Museum

P121：Osama Shukir Muhammed Amin FRCP

P128 下：Françoise Foliot

P140：Suzuki1314

P148：出雲大社

●監修者紹介

蔵持不三也 くらもち ふみや

1946年栃木県今市市（現日光市）生まれ。早稲田大学第一文学部卒業後、パリ大学第4大学（ソルボンヌ校）修士課程修了（比較文化専攻）。パリ高等社会科学研究院前期博士課程修了（文化人類学専攻）。博士（人間科学）。早稲田大学人間科学学術院教授・モンペリエ大学客員教授などを経て、現在早稲田大学名誉教授。著書に『ペストの文化誌』（朝日新聞社）、『英雄の表徴』（新評論）、『奇蹟と痙攣』（言叢社）、訳書に『ラルース世界宗教大図鑑』アンリ・タンク（原書房）、監修に『神話で訪ねる世界遺産』（ナツメ社）など多数。

装丁・本文デザイン　イナガキデザイン
本文図版・DTP　伊藤知広（美創）
校　正　株式会社円水社
編　集　株式会社ロム・インターナショナル
中野俊一（株式会社世界文化社）

ビジュアルで身につく「大人の教養」
図解でよくわかる
はじめての世界神話

発行日　2023年1月30日　初版第1刷発行
2024年9月20日　第2刷発行

監　修　蔵持不三也
発行者　岸 達朗
発　行　株式会社世界文化社
〒102-8187
東京都千代田区九段北4-2-29
電話 03(3262)5124（編集部）
03(3262)5115（販売部）

印刷・製本　中央精版印刷株式会社

ISBN978-4-418-23200-0